실패의 王에서 경영의 神으로

마쓰시타 고노스케
실패의 王에서 경영의 神으로

발 행 일	2012년 7월 1일 초판 1쇄 발행
저　　자	나카지마 다카시
역　　자	김 은 숙
발 행 인	이 호 욱
발 행 처	한국표준협회미디어
출판등록	2004년 12월 23일(제2009-26호)
주　　소	서울시 금천구 가산동 371-50 에이스하이엔드 3차 1107호
전　　화	02-2624-0362
팩　　스	02-2624-0369
홈페이지	http://www.ksamedia.co.kr

ISBN 978-89-92264-44-0 93320
값 13,000원

마쓰시타 고노스케

실패의 王에서
경영의 神으로

나카지마 다카시 지음 _ 김은숙 옮김

KSAM 한국표준협회미디어

CONTENTS

제3장 교주 탄생!

제4장 여기까지 와서 망설이는 놈이 어디 있느냐!

제5장 파산하는 편이 도리어 현명한 거야

제6장 그렇게 간단하게 이해해서는 안 돼!

프롤로그 _

사실 창업자가 썼다고 하는 책에선 배울 만한 것이 거의 없다고 해도 과언이 아니다. 많은 사람들이 그런 책을 무슨 대단한 특효약쯤으로 착각하지만, 아무리 생각해도 독약이 될 게 분명하다. 소화 불량에 복통 정도로 간단히 끝나지 않고, 대부분은 심각한 부작용에 시달리게 마련이다.

시대나 환경, 안고 있는 조건이 다름에도 불구하고, '이런 때 그 사람은 분명 이렇게 했어' 라며 제멋대로 책에 나온 것을 따라하였다간 결국 배신감을 느끼기 십상이다.

이럴 리가 없다고 후회해도 '소 잃고 외양간 고치는' 격인데, 더 큰 문제는 하소연할 곳을 찾지 못할 뿐만 아니라, 틀림없이 그러한 하소연이 끊이질 않는다는 것이다.

　그러게 내가 뭐라 그랬나!

　창업자라는 사람들을 본래 당신과 같은 인간이라고 생각하는 전제부터가 틀렸다. 생각해 보라. 가정을 전혀 돌보지 않고, 돈도 시간도 인생도 모두 사업에만 쏟아 붓고도 태연자약하게 조금도 부끄러워하지 않는다. 그야말로 '도박사' 기질이 다분하다. 굳이 일반 사람들이 하지 않는 것만 찾아서 하려 든다. 어린 시절부터 '협동심이 부족함'이라고 생활통지표에 쓰여 있는 '별종'이며, 어떻게 보더라도 중간관리자나 임원으로서의 자질은 전혀 볼 수 없는, '사장 아니고는 다른 무엇도 할 게 없는' 부류인 셈이다.

　이와 반대로 당신은 타인의 성공 사례를 그저 고스란히 베끼려는(아, 이런 실례! '베끼다'는 말은 너무 심한 것 같다), 아니 하버드 비즈니스 스쿨의 케이스 스터디처럼 사례 연구로써 공부하려는 '성실한 인간'이다. 이러한 성실한 인간이 도박사나 별종을 '롤 모델'로 삼는다면 도저히 제정신이라고 볼 수 없을 것이다.

창업자는 인간으로서 사고방식이 다른 사람들과는 180도 다르다. 아니, 인간과 신神만큼 차이가 난다. 컴퓨터 '맥'과 '윈도우'의 차이 정도가 아니다. 창업자는 '평범한 인간'이 아니다. 좋게 말하면 신이고 조금 나쁘게 말하면 괴물(몬스터)이다.

일본 속담에 '건드리지 않는 신에 탈이 없다(긁어 부스럼을 만들지 말라는 뜻)'는 속담도 있다. 당신도 창업자라는 사람들을 처음부터 멀리하거나 적당히 거리를 두는 편이 좋을 것이다.

그럼에도 불구하고 세상에는 '별종'만을 찾는 사람들이 적지 않다. 이런 사람들은 "좀 자극적인 것이 있었으면 좋겠어요. 도무지 평범한 사람들에게는 아무런 감흥이 없어요"라며 언제나 무덤덤한 얼굴로 지낸다. 반면, "아니, 이런 책을 활용하겠다니 당치도 않습니다. 그저 두뇌 체조 정도로 읽겠습니다"라며 겸손하게 이야기하는 사람도 있을 것이다.

이 책은 바로 그런 사람들을 위한 도서이다.

다행히 신이든 괴물이든 그들도 태생은 당신과 같은 인간이었다. '경영의 신'이라 일컬어지는 마쓰시타 고노스케도 물론 원래는 경영에

문외한이었다. '이런 것도 모르면서 어떻게 사장 노릇을 하고 있을까!' 라며 단골 거래처가 어이없어 했던 적도 숱하며, 실제로 거래처와의 계약에서 큰 실수를 하여 '손을 쓸 방법이 없었던' 적도 한두 번이 아니었다. '현자賢者는 역사에서 배우며, 바보는 체험에서 배운다'는 말처럼, 고노스케도 숱하게 뼈아픈 실패를 겪으면서 몸으로 익혀야만 했던 '우둔한 자'의 시절이 있었다.

그가 창업한 파나소닉이 2009년 연결결산에서 3,789억 엔의 적자를 냈다. 전 회장이었던 나카무라 구니오(현 고문)는 2010년도 목표로 연결 매출액 영업 이익률 10%, 연결 매출액 10조 엔, 시가총액 10조 엔을 내걸었다. 그 결과 1/4분기, 2/4분기 연속 적자 연결 기준의 총 재고(재고자산)를 비약적으로 개선시켰고 2003년 1조 엔에 달했던 연금 채무의 적립 부족도 해소하였다.

그러나 리먼 사태 이후 전 세계적인 경기 침체, 엔화 초강세, 더블 딥 등의 금융 불안으로 인해 일본은 물론, 전 세계의 소비가 위축되고 있다. 게다가 2011년 3월 11일에 발생한 동일본 대지진과 원전 사고로 일본의 정치와 경제는 마비 상태다. 희생자는 3만 명을 넘어섰고, 피해

액도 25조 엔에 이르는 대참사였다. 그러나 아침은 오는 법. 일본인은 슬픔을 딛고 반드시 부활할 것이다.

파나소닉의 경영이 위기 상황에 직면한 것은 비단 어제 오늘만의 일이 아니다. 고노스케도 '이제 도산이다!' 라고 자포자기할 정도의 위기를 세 차례나 경험하였다. 이를테면 1929년의 대공황 시절, 2차 세계대전 직후 GHQ(general headquarters: 연합군 총사령부)로부터 전쟁에 협력한 재벌이라는 명목 때문에 해체 직전까지 몰렸던 시절(훗날 해제되었다), 그리고 1965년 무렵의 가전家電 불황 시절이 그것이다.

고노스케는 이러한 위기를 기민하게 파악하고 우직하게 대처하여 가까스로 해결해 나갔다. 그때의 경영 수완을 높이 평가받아 그 유명한 화물 국철 재건까지 의뢰 받았을 정도였다. 이때부터 고액 납세자 1위 자리를 지켰으며, '세계의 마쓰시타'라 불리며 해외에서도 유명한 일본인이 되었다. 말년에는 '마쓰시타정경학원松下政經塾'을 창설하는 등 열정적으로 활동을 전개해 왔다.

그러나 고노스케가 말한 성공률은 그리 높지 않았다. 그는 "명백한 실패가 10%, 성공은 60%, 나머지 30%는 보통입니다"라고 실토한다.

그런 그가 어떻게 '경영의 신'이라 불렸던 것일까? 고노스케가 말한 것처럼 '운이 좋았기 때문' 이었을까? 아니면 인간의 지혜와 지식을 초월한 무언가가 있었던 것일까? 이에 대한 평가와 결론은 책을 모두 읽은 다음에 해주기 바란다.

이 책은 '평범한 회사에 근무했다면 기껏해야 과장에서 끝났을 것' (필자의 생각도 같다)이라고 고백한 고노스케가 실패를 딛고 세계 기업을 구축한 신화 스토리다. 하지만 이를 전부 받아들여 삶의 지침으로 삼고자 했다가는 오히려 독약이 될 것이다. 책을 읽어나가면서 지혜와 깨달음을 얻기를 바란다.

아무쪼록 이 책이 독자 여러분에게 재미는 물론, '무언가의 울림' 이 되기를 바란다. 본문 내용에서는 편의상 '마쓰시타전기' 의 표기를 기본적으로 '파나소닉' 으로 통일하고, 존칭은 생략하였다.

제1장
마음대로 되지 않는 것이 세상살이

- 기껏해야 과장으로 끝났을 '경영의 신'
- 이성과 직감이 공명하는 순간
- 세상은 자신이 원하는 대로 돌아가지 않는다
- 세상은 언제나 옳다
- 실패했다면 문제는 자신에게 있다

기껏해야 과장으로 끝났을 '경영의 신'

고노스케의 아버지 마사쿠스가 쌀 선물先物 거래에 손만 대지 않았더라면 지금의 고노스케는 없었을지 모른다. 순풍에 돛을 단 인생까지는 아닐지라도 평범하게 마음 편한 인생을 살았을 것이다. 만약에 정상적으로 학교를 다니고 평범한 회사에 취업했더라면, 기껏해야 과장으로 끝났을지도 모른다.

그러나 인간 만사 '새옹지마塞翁之馬'라고 했던가. 집이 몰락한 덕분에 고노스케는 어린 나이에 장사를 시작할 수밖에 없었다. 마침 그때 오사카에 있는 맹아 학교에서 사환 일을 하던 아버지의 전갈을 받고 고향 와카야마에서 오사카로 올라오게 되었다.

1904년 11월 23일 그는 미야타화로 상점의 점원으로 사회에 첫발을 내딛는다. 그때가 만 열 살 생일을 맞이하기 불과 4일 전이었다. 그런데 첫출발부터 좋지 않았다. 미야타화로 상점이 문을 닫으면서 갑자기 다른 일을 찾아야 할 처지에 놓이게 된 것이다. 이를 계기로 센바에 있는 고다이 자전거 상점에서 일하게 된다. 화로 가게에 비하면 훨씬 세련된 장사였다.

당시의 자전거라 하면 지금의 자동차와 비슷한 가치가 있었다. 가격만 해도 지금의 화폐 가치로 환산하면 한 대에 100만 엔을 호가했을 정도였다. 물론 이곳에서도 수습 점원, 그러니까 사환 중 하나였기에 어차피 청소나 잔심부름 등으로 하는 일은 비슷했다. 그저 주인 부부에게 아이가 없어 주인의 애까지 돌보는 보모 일에서는 해방될 수 있었다. 그는 이곳에서 철저히 센바(오사카 남부에 위치한 상업과 금융의 중심지) 식의 장사를 배운다. 고노스케가 훗날 이 시절을 회고하면서 "세상살이에서 배울 수 있었던 모든 걸 배웠던 나의 학교였다"라고 술회했던 점을 생각하면, 상인으로서의 기본은 이 가게에서 습득했다고 말할 수 있다.

어린 나이의 고노스케는 '앞으로 나는 장사로 출세할 거야'라고 결심하고 있었기에 의욕이 넘쳤다. 나이는 어렸지만 눈썰미가 좋았고 일에 대한 호기심과 탐구심도 많았다. '빨리 한 사람 몫을 하고 싶다'는 강한 의지를 품은 그는 무엇보다 가세가 기운 집안을 일으켜 세우겠다는 생각이 무척이나 강렬했다.

'언젠가는 사장님이나 지배인처럼 나도 자전거를 팔 거야'

그러나 한 대에 100만 엔을 호가하는 고가의 상품을 그리 쉽게 수습 점원이 팔게 해 줄 리는 만무했다.

그렇지만 기회는 생각보다 빨리 찾아왔다. '자전거를 보여 달라'는 전화가 걸려 왔는데 공교롭게도 지배인은 외출 중이었고, 가게에는 고노스케 말고는 아무도 없었다. 어쩔 수 없는 상황에서 스스로에게 명령을 내렸다.

'고키치(이름 다음에 '키치きち'를 붙이는 것은 애칭 같은 것이다), 이 순간을 얼마나 기다렸니. 네가 다녀와!'

당시 13살, '서당 개 삼 년의 세월'을 보냈다. 절호의 기회가 찾아왔다. '반드시 팔고 말겠다'는 다짐을 한 채 설레는 마음을 억누르며 달려갔다. 고노스케의 머릿속에는 이미 외워 놓은 자전거에 대한 설명이 고스란히 들어 있었다. 지금으로 말하면 세일즈 토크, 프레젠테이션인 셈이다. 자전거를 사겠다는 사람을 찾아가 사장과 지배인 옆에서 귀동냥으로 배운 것을 조목조목 설명했다.

"이 녀석 아주 열심이네. 좋아, 너한테 살 테니 10%만 깎아주면 안 될까?"

보통 사장이 거래할 때도 10% 정도는 에누리해 주었고 충분히 남는 장사였다. 자신의 힘으로 100만 엔이나 되는 상품을 흥정했다는 것에 가슴이 쿵쾅쿵쾅 뛰었다. 장사로 출세하려는 고노스케에게 최초의 소득이었다. 성사만 되면 '매출 100만 엔!'이니 그의 가슴은 설레었다. '모두가 칭찬해 주시겠지', '또 사장님께서는 뭐라고 하실까?', '정말 대단하다며 동료들도 깜짝 놀라겠지' 등의 생각을 하며 기쁨에 들떠 가게로 돌아왔는데 이상하게 분위기가 냉랭했다.

"아니, 10%나 깎아주면서 무슨 장사를 하겠다는 거야? 10%는 절대 안 돼. 5% 이상은 못 깎는다고 말했어야지."

"그러지 말고 깎아주세요."

"안 돼, 가게를 망칠 셈이야?"

"부탁할게요. 제발 깎아주세요."

"아니, 도대체 너는 어디 점원이냐?"

울면서 애걸하는 고노스케에게 질려 사장은 결국 구매하려는 사람에게 사정을 설명할 수밖에 없었다. 결국 5% 깎는 것으로 결론이 났다. "네가 있는 동안 자전거는 꼭 고다이에서 사겠다"는 손님의 말을 듣고 고노스케는 짜릿한 희열을 느꼈다.

'그래! 장사란 것이 돈벌이 이상의 다른 재미가 있는 거구나. 그리고 이 바닥에서는 나이도 학력도 다 필요 없잖아.'

물론 그렇다 해도 사환 신분을 졸업한 건 아니었다. 청소와 잔심부름의 나날은 계속되었다.

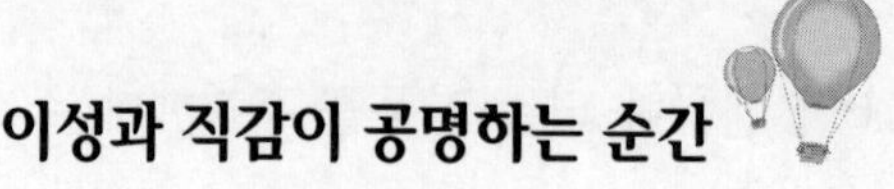

이성과 직감이 공명하는 순간

10%를 깎아주어도 남는 장사다. 하지만 깎아달라고 통사정하는 손님은 깎아주지만, 그런 흥정을 하지 않는 손님에게는 정가로 판매한다. 물론 장사에서는 이것이 당연하다.

그러나 이는 상도商道로서는 바람직한 것이 아니다. 상대방의 얼굴을 보면서 10%로 해주겠다, 5% 이상은 안 된다고 실랑이를 벌이다가 7.5%로 흥정하는 것이 장사라는 것이다. '이익만 많이 올린 사람이 과연 정직한 장사꾼인가?' 라는 근본적인 궁금증이 어린 마음에도 그의 뇌리에서 가시지 않았다.

그 후 고노스케는 독립하여 작은 공장을 차린다. 공장이라고는 하지만 집 안의 흙바닥 일부를 개조한 것인데, 얼만큼 제품을 생산했는지 한눈에 알 수 있을 정도로 좁았다. 물론 이런 주먹구구식의 공장에서 매출 계획이 있을 리 만무했다. 그저 많이 만들어 많이 판매한다는 단순한 생각이었다.

'이제 슬슬 팔러 나가도 되겠지.'

부푼 마음을 안고 고노스케는 제품을 짊어지고 길을 나섰다. 이곳저곳 돌아다니면서 다양한 유형의 사람을 만날 수가 있었다. 깎는 데 선수인 단골 거래처도 있었다.

"너무 비싸구먼. 더 싸게 주지 않으면 안 살거야."

도쿄로 출장 판매를 나갔을 때의 일이다. 상대방은 억척스럽게 값을 깎았다. 고노스케는 '절대 안 된다, 이 가격으로 팔아야 한다'며 맞서 싸웠다. 하지만 너무 악착같이 깎아대는 통에 끝내 지고 말았다.

'뭐, 좋아. 고객이 원하는 가격으로 팔면 남는 것도 없지만 밑지지도 않아. 이번에는 어쩔 수 없어.'

무심코 '에누리를 해주겠다'는 말을 하려던 순간 문득 공장에서 비오듯 쏟아지는 땀을 훔치며 일하는 젊은 종업원들의 얼굴이 눈에 아른거렸다. 안 그래도 삼복더위인데, 공장 안은 그보다 더 더웠다. 선풍기가 있을 리 만무했다. 제품 재료는 연물을 달군 철판 위에서 만들기 때문에 마치 염열지옥 같았다. 땀을 뻘뻘 흘리면서 일하기 때문에 소금을 먹지 않고는 버티기 힘들었다. 고노스케도 함께 일했기에 누구보다 그 뜨거운 열기를 잘 알았다. 그래서 생각을 고쳐먹었다.

"사장님, 정말 죄송합니다만 이건 절대 에누리가 안 됩니다. 부르신 가격으로 팔아도 밑지지는 않습니다. 하지만 적정한 이익이 없습니다. 이 제품은 우리 사원들이 불볕더위 속에서 땀 흘리며 겨우 만들어낸 겁니다. 그 성과를 그리 싸게 평가하시니 유감입니나. 저 혼자 생각하면 깎아드리고 싶지만 그래서야 사원들에게 면목이 안 서죠."

고노스케는 눈앞의 이익을 제쳐두고 대의명분에 집착하는 기질이 있다. 결정을 한 후에는 '응, 맞아', '그걸로 된 거야', '사 주지 않으면 어때?'라는 대담함을 보였다.

상대방도 물끄러미 고노스케의 얼굴을 바라보았다. 얼마큼 시간이 흘렀을까.

"어쩔 수 없군. 알겠네. 그 가격으로 사겠네."

"정말이십니까?"

"에누리 못 해준다는 핑계도 각양각색인데 이런 말을 한 건 자네가 처음이야."

결정적인 순간에 땀 흘리는 종업원의 모습을 떠올리며 판단을 번복한 것, 이는 창업자 특유의 사고법이다. 직감만으로 판단하는 것도, 이성만으로 판단하는 것도 아니다. 직감이 이성을 좇아가는 것인지, 이성이 직감을 좇아가는 것인지를 살피는 것은 중요하지 않다. 이성과 직감이 공명했을 때 비로소 '납득'이라는 단계에 이르게 된다. 이런 인간이 창업자이니, 창업자라는 인간은 실로 까다롭기 그지없다.

세상은 자신이 원하는 대로 돌아가지 않는다 

고노스케도 하루아침에 '경영의 신'이라 불리게 된 것은 아니었다. '신' 이전의 시절이 존재했다. 어린 시절부터 수습 점원, 사환으로 일했던 그의 파란만장한 인생행로를 돌이켜 보면 '이때 크게 성장했다'는 '터닝 포인트'가 숱하게 있었다.

예를 들어 자전거 가게에서 일하던 무렵, 동료 중 머리가 매우 잘 돌아가는 남자가 있었다. 그는 사장의 신임도 두텁고 실제로 일도 잘해 가게에 많은 도움이 되었다. 그런데 무슨 까닭인지 가게 물건에 자주 손을 대는 손버릇이 나쁜 녀석이었다. 게다가 돈을 빼돌려 용돈으로 썼으니 발각되지 않고 넘어갈 리가 없었다. 결국 들통이 나자 녀석의 처분이 문제가 되었다.

장사를 한다지만 당시는 봉건사회였다. 노동조합은 물론 직장 규율 같은 게 있을 리 만무했다. 지금과 달리 가게 안에서든 밖에서든 사장은 절대적인 존재였다. 그의 한마디로 모든 것이 결정되었다. 사장은 그가 잔재주도 있고 다루기 쉬운 사원이었기 때문에 한 번은 용서해 주고 지켜보기로 했다. 집행유예인 셈이다. 하지만 이런 처분에 고노스케는 심히 분개하였다. 마음을 굳게 먹고 사장에게 따졌다.

"저런 나쁜 녀석과 함께 일하라니 납득할 수가 없습니다."

이렇게 나오자 사장도 당황했다. 왜냐하면 고노스케의 말이 정론이었기 때문이다. 옳기는 하나 정론만 내세우면 세상은 원활하게 돌아가지 않는다. 그렇다고 해서 이 청렴결백한 소년의 마음을 짓밟을 수도 없다. 슬하에 자녀가 없는 만큼 고노스케를 자식처럼 예뻐했던 사장은 결국 고노스케의 의견을 받아들였다.

그런데 그로부터 10년 후, 파나소닉의 종업원이 50명밖에 되지 않을 때의 일이다.

이번에는 동료가 아니라 사원 중에 부정을 일삼는 자가 나왔다. 경리 업무를 맡겼더니 장부를 속였던 것이다. 입장이 달라져 사장이 된 고노스케는 과연 어떻게 했을까? 사업을 시작하고 처음 있는 일이었다.

고노스케는 신경이 예민한 편이었다. 하루종일 일했기 때문에 분명 녹초인데도 잠자리에 들어 바로 잠이 든 적이 없었다. 잠을 못 잔 탓에 수면제를 처방받을 정도였다. 이때도 잠을 못 자고 이리저리 고민하고 또 고민했다. 실은 고민할 거리도 아니었다. 당장 해고해 버리면 될 일이었다. 당시만 해도 시대가 시대이니만큼 노동조합 같은 게 없어서 종업원의 해고는 무 자르듯 간단했다. "이제 오지 않아도 된다"고 통보하고 일방적으로 내쳐 버렸다. 어느 가게나 회사나 마찬가지였고 세상도 그런 방식을 용인했다.

하지만 고노스케는 기껏 채용해서 함께 일하고 있는 사원을 바로 잘라 버리는 짓은 인정상 영 내키지 않았다. 사흘 밤낮을 자지 않고 고민을 거듭하였다. 잠자리에서 꾸벅꾸벅 졸다가 문득 엉뚱하게도 지금 일본에 죄인이 몇 명이나 될까 하는 의문이 들었다. 참고로 당시 일본의 복역수는 50명에 한 명꼴이었다.

'천황의 덕으로도 죄인을 줄이는 건 어렵다. 그래도 국내에서 죄인이 살 수 있도록 허락하고 있는데 고작 마을 공장주가 천황 이상의 호사를 부려서 되겠는가. 부정을 저지른 한 명 정도는 합당한 벌을 내리는 데 그치고 두고 보자.'

"그렇게 결심하자 한결 마음이 편해졌지. 거짓말처럼 잠도 푹 잤어."

이것이 바로 고노스케다. 마음에 걸리는 게 있으면 무서울 정도로 진지하게 고민에 고민을 거듭하다 스스로가 납득하면 거짓말처럼 '쿨하게' 행동한다.

"사람을 부리는 데 내 나름대로 하나의 철학이 생겼다고 생각해. 그때까지는 사람을 부리는 게 여간 곤욕이 아니었어. 사장인 내 말을 듣지 않는 사원도 있었고, 언제 부정을 저지를지 몰라 잔걱정도 끊이질 않았어."

10년 전, 자전거 가게에서 '나쁜 녀석'과 함께 일하기는 도저히 싫다며 울었던 때와는 사뭇 다르다. 아이일 때는 유난스럽게 결백한 게 좋지만 어른이 되어서도 지나치면 인간적으로도 사귀기 어렵고, 스스로도 제약을 만들어 버린다. 이 사건을 계기로 고노스케는 청렴결백에서 깨끗함과 탁함을 함께 받아들이는 단계로 성장했다.

그 후 이 횡령 사원은 돈을 만지는 일에서 완전히 배제시켜 버렸다. 그러자 수중에 떨어지는 게 없어서인지 얼마 후 스스로 그만두고 싶다는 말을 꺼냈다.

당시의 고민을 통해 고노스케는 종업원을 믿고 부리는 방법을 터득했다. 경영자뿐만 아니라 누구나 인생에서 몇 번은 비장한 결단을 내려야 할 때가 있다. 경영자로서 인간이 쌓은 연륜은 '몇 번이나 비장한 결단을 했는가?'로 결정된다.

고노스케가 '경영의 신'이라는 경지에 올라선 것도 이런 연륜이 만들어낸 결과이다.

세상은 언제나 옳다

세상은 생각대로 돌아가지 않는다. 옳다고 해서 전부 통한다고 단언할 수 없다. 어쩌면 그 반대의 경우가 많을지도 모른다. 옳기 때문에 더 통하지 않는다.

왜냐하면 정론은 사람을 상처 입히기 때문이다. 정론이기에 반론이 불가능하다고 생각하고 호기를 부린다. 그 함부로 말하고 행동하는 태도가 2차 재해를 유발한다. 현명한 사람은 정론을 남용하지 않는다. 적을 만들지 않는 게 얼마나 중요한지를 잘 알고 있기 때문이다. 인간을 잘 알고 있는 현자賢者는 그렇게 행동한다. 인간을 모르는 우인愚人일수록 정론을 남용하기 십상이다.

자전거 가게에서는 이런 일도 있었다. 자전거 수리를 기다리던 손님이 종종 담배를 사오라고 심부름을 시키곤 했다. 그럴 때는 고노스케 같은 사환들이 손을 씻고 다녀왔다. 한두 번이 아니었다. 하루에도 몇 번이나 같은 일이 반복되었다. 사환들도 귀찮았고, 손님들도 기다려야 하니 지루함을 느꼈다.

'맞아, 잔뜩 사두면 되겠구나. 손님들이 부탁할 때마다 건네면 돼.'

고노스케는 즉시 행동에 옮겼다. 뜻밖의 이득도 있었다. 담배를 20개 사면 한 개 서비스로 주니 수중에 5%가 떨어졌던 것이다. 하지만 행운은 계속되지 않았다. 반년 만에 그만둘 수밖에 없었다. "고키치, 이쯤에서 그만두렴. 모두 뒤에서 쑤군대고 있어"라고 사장이 엄명을 내렸기 때문이다.

'모두 좋아했는데. 똑똑한 사환이라고 칭찬도 들었는데.'

고노스케는 내심 아쉬움을 느꼈지만 그날로 담배 사다주는 일을 중단했다. 마음 속으로 어렴풋이 짚이는 게 있었다. 고키치만 돈을 벌고 있다는 시기심이었다. 담배 수수료가 많을 때는 급료의 4분의 1 이상에 달했던 것이다. 그렇다면 다른 사환들도 하면 좋은 데 가게에서 이런 일을 하는 사환이 많았다간 문제가 발생할 것이다. 그 후 고노스케는 손님들이 부탁할 때마다 담배 가게로 달려가게 되었다.

'세상은 자신의 사정만 주장해서는 안 되는 거구나.'

고노스케는 어린 마음에도 절절히 깨닫게 된다.

"세상은 옳고 세상의 시선은 언제나 정당하다고 생각해. 만약 세상의 눈이 틀렸다면 그 틀린 것 자체가 옳은 거야. 설사 자신이 제아무리 옳은 일을 했다고 자부해도 누구도 알아주지 않아. 자기가 옳다고 고집하는 그 생각이 하찮은 자기만의 소견에 불과한 거야. 그래서는 사업이 안 되지. 하지만 고맙게도 세상은 그릇되고 터무니없는 짓을 저지르지 않는 한 반드시 알아주고 지지해 주지. 이 사실은 지금까지 갖가지 경험을 통해 뼈에 사무치도록 맛보았어."

옳은 일만 하면 괜찮다는 게 아니라 옳은 일을 하면 고민 같은 게 생길 리 없다. 고민이 있다면 그것은 자신이 옳지 않기 때문이며 그때는 자신의 방식을 바꿔야 한다는 것이다. 연륜을 쌓은 사람만이 내놓을 수 있는 독특한 자기 철학, 즉 고노스케식 사고법이다.

실패했다면 문제는 자신에게 있다

니와 마사하루는 '고노스케의 오른팔'로 불렸던 인물 중 하나다. 자칭 측근은 많으나 고노스케가 숨을 거두었을 때 연락조차 받지 못한 측근도 있으니 이 사람이야말로 진정한 측근 중의 측근이다. 그는 파나소닉 대졸 사원 1호로 새로운 사업을 시작할 때 고노스케는 꼭 니와에게 상의하곤 했다.

2차 세계대전 이후, 노동조합이 발족하고 노동자의 권리를 인정하는 시대가 열리자 "자네와 나는 봉건(제도)으로 가자"고 속삭였던 상대였으며, 말년에 마쓰시타정경학원 개설 때도 니와를 가까이 두기 위해 부원장 자리에 앉혔다.

"전공電工에는 발걸음이 뜸하시네요?"라고 물으면 항상 "니와가 있으니까 괜찮아"라고 대답했다. 고노스케는 니와에게 파나소닉 사업의 보수본류保守本流라고 칭할 만한 파나소닉 전공의 경영을 전면적으로 맡겼다. 물론 니와는 고노스케에게 전해야 한다고 생각한 사안은 상의나 잡담 같은 형태로 빠짐없이 보고했다.

니와는 고노스케가 전폭적으로 신뢰했던 인물이었다. 니와에게 고노스케의 인물평을 해 달라고 부탁한 적이 있다.

그러자 니와는 "실패하면 자신을 탓하고 성공하면 운이 좋았다는 생각을 하신 분이었다네"라고 말이 떨어지기가 무섭게 대답했다.

보통 성공하면 자신에게 공을 돌리고 실패하면 다른 사람을 탓하게 마련이다. '타이밍이 좋지 않았다, 기획이 영 시원치 않았다, 영업 잘못이다, 공장 탓이다' 라며 책임을 전가하는 사람이 대부분이다. 하지만 고노스케는 절대로 그런 말을 꺼내지 않았다. 대응이 늦어지기 때문이다. 특히 품질 관리상의 사고나 고객 불만은 전광석화처럼 대처하지 않으면 치명적인 타격을 입을 우려가 있다.

이때 "영업 잘못이다, 공장 탓이다"라며 서로 말다툼만 벌이다간 원인 규명에 나설 타이밍을 놓치고 더 나아가 고객의 신뢰와 사회의 신뢰를 잃을 우려가 있다. 사업에서는 이 초동 대응이 무엇보다도 중요하다.

2005년 1월, 파나소닉이 생산한 석유 난방기의 고장으로 일산화탄소 중독 사고가 발생했다. 후쿠시마 현의 한 펜션에서 초등학생이 사망한 것이다. 원인은 외부 공기를 유입하는 고무호스의 균열이었다. 당시 대응이 늦어져 4월이 되어서야 사고를 공개하였다. 초동 대책에 늦장을 부리고 소극적이었던 탓에 11월에는 두 명째 사망자를 내고 말았다. 기업 이미지는 땅에 떨어졌다. 경제 산업성에서 리콜과 함께 위험성을 철저하게 주지시키라는 긴급 명령이 하달될 무렵에야 겨우 대책본부를 꾸리고 직접 대처에 나섰다.

즉시 홈페이지에 '14~20년 전의 내쇼날FF 석유 난방기를 찾고 있습니다'라고 게재하고 텔레비전 CF, 신문 전면 광고를 개시하였다. 그리고 '5만 엔으로 되사거나 무료 점검 수리합니다'라는 추가 광고까지 게재하였다. 대상은 25개 기종 15만 2,000대. 지금도 홈페이지의 첫 페이지에는 '마지막 한 대까지 찾아내겠습니다. 몇 년이 걸리더라도 꼭 해내겠습니다'라는 고지가 여전히 게재되어 있다.

연말 상품 광고를 전면 중단하고 이 고지 광고로 전환한 다음 6,000만 군데에 DM을 보내고 텔레비전, 라디오, 신문을 통해 고지하였다. 대책비로만 2006년 결산에서 249억 엔을 계상하였다.

고지 광고 때문에 연말 대목 시즌임에도 상품 광고를 전면 중단할 수밖에 없었다. 초기의 어설픈 대책으로 회사의 신용이 땅에 떨어져 버렸지만 이러한 적극적인 대책을 추진한 결과, 호감도를 V자 회복해 영업 면에는 거의 악영향을 끼치지 않았다.

경영자는 몸집이 커질수록 말단의 사정에 어두워진다. 공룡은 꼬리에 불이 붙어도 눈치채지 못한다. 하지만 어느 시대건 사건이 일어나는 현장은 비단 형사 콜롬보의 관할 구역만이 아니다. 조직은 정보가 원활하게 흐르도록 만들어져 있으나 실제로는 거꾸로 가는 경우가 적지 않고 현장의 정보가 상위까지 잘 전달되지 않는다. 설사 전달되었다 해도 움직이지 않는다면 공룡과 별반 다르지 않다.

실패하면 단팥죽 가게나 차리자

고노스케는 15살 때 6년간 근무하던 자진거 가게를 그만두기로 결심한다. 하지만 자식처럼 아껴주는 사장 부부에게 그만두겠다는 말이 차마 나오지 않았다.

그는 전기 관계 일로 이직하고 싶었다. 마을을 달리는 시영 전차를 본 순간, 무언가가 머릿속에 섬광처럼 스쳤다. 만약 고노스케가 자전거가 아닌 자동차를 팔고 있었더라면 그대로 주저앉았을지도 모른다. 하지만 전기로 움직이는 전차, 어두운 세상을 밝게 비추는 전등, 전기는 그에게 경이로움을 느끼게 하는 그 무엇이었다.

'머지않아 틀림없이 전기의 시대가 올 거야!'

어차피 장사로 출세할 것이라면 전기 관계 일을 해보고 싶었다. 그런 마음이 들자 성격 급한 고노스케는 좌불안석이었다. 성격 급한 사람을 칭하는 오사카 사투리 '이라치'의 대명사였던 그는 자전거를 수리하고 있는 사이 혹시 전기 산업이 자꾸자꾸 발전해 나가지 않을까 불안했다. 그래서 거짓 전보까지 쳐서 자전거 가게를 그만두게 된다.

'어머니 위독'

그렇게까지 해서 고노스케는 지금의 간사이전력인 〈오사카전등〉이라는 회사에 입사한다. 당시 전국의 전력 회사는 600개사에 달했다. 그리고 고노스케는 출세 가도를 달려 검사원까지 승진했다.

하지만 이 회사도 그만둬 버린다. 1917년 6월, 회사를 퇴직하고 드디어 자신의 사업을 시작했다.

왜 독립을 단행했을까? 여기에는 이유가 있었다.

우선 개량 소켓을 세상에 내놓고 싶었다. 최연소 검사원으로 승진하기 전, 기존의 소켓(전구를 달기 위한 전기 기구)을 개량하여 시제품까지 제작하였다. "채택해 달라"며 고노스케가 상사에게 보여줬으나 매몰차게 거절당했다. 고노스케를 상대해 주지도 않았다.

'이것은 좋은 제품이야. 좋아, 더 궁리해 보자.'

그 후 일반 전기공사 기사에서 검사원으로 승진하자 하루 일하고 하루 급료를 받는 식이었으나 수입이 조금 늘어났다. 일은 전기공사 기사가 설치 작업을 제대로 했는지를 검사하는 업무였다. 요령만 있으면 반나절 안에 업무가 끝났다. 그러면 또 소켓 발명에 집중하였다.

'이 개량 소켓은 분명 유용해. 꼭 세상에 내놓고 말겠어.'

두 번째, 너무 편한 검사원 업무가 마음에 들지 않았다. 반나절 일하면 나머지 반나절은 놀아도 뭐라 할 사람이 없었다. 보통 이런 편한 업무를 한다면 운이 좋다고 생각할 법한데 그는 '그러니 그만둬야지' 하고 결심한다. 고노스케도 처음에는 고마운 일이라고 생각했다. 그러나 그것은 처음 얼마 동안뿐, 시간이 지나자 지루함을 느꼈다. 어제도 오늘도 내일도 매일 똑같은 업무의 반복으로 무료하고 싫증이 나 버렸던 것이다.

세 번째 이유는 고노스케가 허약 체질로 몸이 약했기 때문이다. 3남 5녀의 막내로 태어났지만 스무 살을 넘긴 형제는 바로 위의 누나뿐이다. 다른 형제들은 모두 결핵으로 요절했다. 고노스케도 결핵으로 발전하기 바로 전 단계인 폐병으로 난카이 전차 안에서 피를 토하기도 했다. 승진했다곤 하나 당시는 하루 일하면 하루치 급료가 나오던 시절. 즉 일한 날수 만큼 급료가 나오니 병으로 쓰러졌다간 돈줄이 막혀 버린다. 감기로 종종 자리에 눕는 통에 장래는 불안하기 짝이 없었다. 장사로 출세하라는 아버지의 말이 현실로 다가오기 시작했다.

"만약 독립하여 실패하면 이전 회사로 돌아가 전기 기사부터 다시 시작하면 된다. 그보다 우리 부부 둘 다 단음식이라면 사족을 못 쓰니 단팥죽 가게를 열어 볼까. 그거라면 요양하면서도 꾸려 나갈 수 있겠어."

우선은 개량형 소켓을 팔아 보자. 틀림없이 히트를 칠 것이다.

1917년 6월, 그는 회사를 그만두고 드디어 소켓 제조 판매에 뛰어들게 된다. 고노스케 나이 스물한 살이었다.

전형적인 벼락치기로 독립해 버리다!

독립은 어찌어찌 했으나 정작 중요한 자금은 고작해야 퇴직금, 탈탈 털은 적립금, 저금까지 합쳐도 총 95엔에 불과했다. 점원 시절에 판매하던 자전거도 겨우 살 수 있는 돈이었다. 이 돈으로는 제조기계는커녕 금형 만들기에도 턱없이 부족했다.

고노스케가 갖고 있는 것이라고는 소켓으로 성공할 수 있다는 막연한 희망뿐이었다. 터무니없다면 터무니없고 무모하다면 무모했다. 하지만 이것이야말로 그가 창업자의 기질을 타고났음을 증명하고 있다. 주위에서 무슨 말을 하든지 자신감이 넘치지 않고서는 창업자답지 않다. 뚜렷한 근거는 없지만 틀림없이 히트칠 것이라고 확신했다. 그 후 쓰디쓴 실패를 맛본 후에야 이러한 무모함이 창업자의 자질이라는 것을 깨닫게 된다. 처음부터 성공이 보장되어 있는 일의 경우에는 어떠한 흥미도 느끼지 못하는 것이다.

보통의 인간이라면 산이 높으면 의욕이 꺾이는데 창업자의 기질을 타고난 사람은 오를 산이 높으면 높을수록 투지가 불타오른다.

고노스케는 고향 아와지 섬의 고등소학교를 졸업한 처남 이우에 도시오(산요전기 창업자)를 불러 들였다(이후 고노스케의 심복이 되며 산요전기를 창업할 때까지 동분서주하며 대활약을 한다). 또 오사카전등 시절의 동료 둘도 동참했다. 그들이 동참한 이유는 이 개량 소켓에 큰 기회가 있다고 확신했거나 어지간히 고노스케의 매력에 빠져 있거나 둘 중 하나였을 것이다.

공장은 당시 살고 있던 셋집을 조금 개조하여 주거를 겸했다. 협소한 것은 당연했으나 문제는 그뿐만이 아니었다. 당시 소켓의 동체 부분은 연물로 되어 있었는데, 이 제조법을 알 길이 없었다. 공장을 찾아갔지만 누구도 가르쳐주지 않았다. 언물은 석분, 아스팔트 등을 미묘한 재료비로 혼합하여 만들었다. 따라서 이 배합비에 따라 품질의 좋고 나쁨이 판가름 났다. 그 정도로 민감했기에 업계에서는 극비로 취급하였다. 고노스케는 그 사실을 독립한 후에야 처음 알았다.

고노스케는 당황한 나머지 반죽 공장의 주변을 돌아다니며 원료로 보이는 파편을 주워 연구했다. 때로는 공장을 훔쳐본다며 치도곤을 당하기도 했다. 결국 예전 연물 직공으로 일했던 경험자를 스카우트해 급한 불을 껐다. 실로 벼락치기가 아닐 수 없지만 이 또한 창업자다운 모습이다. 앞날을 생각지 않고 꿈을 향해 돌진하는 것, 그 꿈이야말로 독립, 개업, 창업의 에너지다.

가까스로 고노스케도 번갯불에 콩 볶아 먹듯이 연물 기술을 습득한다. 꼬맹이 처남 이우에 도시오는 모서리를 갈아 가공 자국을 제거했다. 고노스케는 판매를 위해 외근을 해야 했기 때문에 연물 기술을 누군가에게 가르쳐야 했다. 업계의 금기를 깨고 그는 이 기술을 개방해 버렸다. 세상은 멍청한 짓을 했다고 수군거렸다. 하지만 계속해서 비밀로 두었다가는 영원히 자신과 도시오밖에 만들 사람이 없다.

"기술을 훔쳐 독립하고 싶으면 하라고 그랬죠. 종업원을 믿고 우리 회사에 중요한 기술이라고 확실하게 말했더니 뜻밖에도 직원들이 성실하게 일하더군요. 만약 그때 업계의 관습을 고수했다면 아마 지금도 마을 공장이겠죠."

고노스케의 이러한 자세는 종업원들에게도 전해진다. 일본인은 자신이 받은 신뢰에 어떻게든 보답하고자 한다.

타인에게 맡기지 않고 모든 것을 독단적으로 처리하는 경영자의 유형을 '종업원 사장'이라 부른다. 경영자가 정작 제일 중요한 업무인 경영은 뒷전이고 종업원이 할 일을 자신이 해 버리고는 "비쁘다, 마쁘다"라는 말을 입에 달고 다니는 것이다. 재주 많은 놈이 밥 굶는 격이다. 도저히 경영자라고 할 수 없다. 이런 경영자에게는 종업원과 같은 임금으로도 충분하다.

우여곡절 끝에 10월 중순 무렵, 드디어 소켓을 완성한다. 순식간에

1918년 창업 당시 마쓰시타 고노스케

여름 한철이 지나가 버렸다. 과연 이 소켓은 폭발적인 히트를 쳤을까? 천만의 말씀. 거의 팔리지 않았다. 견본을 가지고 발이 부르트도록 뛰어다녔으나 가게 업주들은 한결같이 "이건 안 되겠어"라는 말뿐이었다. 다리가 퉁퉁 부을 때까지 열심히 돌아 다녔지만 열흘 동안 판 개수라곤 100개뿐이었다. 매출은 10엔.

자금이 바닥을 드러내는 것은 시간 문제였다. 그러는 사이, 당장 내일 끼니조차 걱정해야 하는 곤궁에 빠져 버렸다. 이대로 가다간 월급을 줄 수조차 없는 상황이 된다. 그들도 궁핍한 상황을 눈치채고 있었다.

"마쓰시타, 우리는 회사로 돌아갈게."

그런데 정작 당사자인 고노스케는 그리 심각하지 않았다. 힘든데도 힘들어하지 않고, 고민이 있어도 고민하지 않았다. 자금 조달은 아내에게 맡겼다. 혼수로 해 온 기모노를 전당포에 잡혀 겨우 가계를 꾸려나가고 있었지만 집안일을 아내에게 일임하고 앞으로의 사업에만 열중했다.

신이 선택한 여성 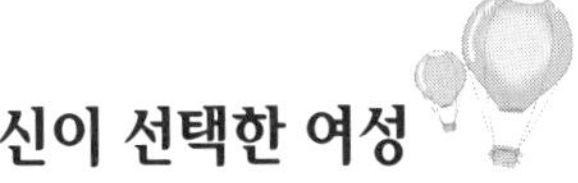

그런데 여기서 한 가지 짚고 넘어가자. 마쓰시타 고노스케는 유명한데 그의 아내인 무메노에 대해 아는 사람은 의외로 적다는 점이다. 물론 산요전기 창업자인 이우에 형제는 그녀의 남동생들이다. 두 경영자들의 형제인 만큼 경영 능력도 있었다.

"협상을 시켜보면 아내가 나보다 훨씬 나아."

고노스케는 의외로 외상 대금을 회수하는 게 서툴렀다. 자신한테는 무리인 걸 잘 알고 있었기에 아내를 앞세웠고 아내가 회수를 해왔다.

고노스케의 금전 철학은 일관되었다.

"가격이 싸도 필요 없는 물건은 사면 안 돼. 예를 들어 채소 가게에서 채소 세 개를 한 묶음에 100엔에 팔고 있어. 두 개면 80엔. 그러면 누구나 세 개 한 묶음 쪽이 이득이라고 생각하지. 하지만 세 개는 필요 없는걸. 두 개로 충분하면 절대로 더 사지 않아. 아무리 이득이라고 생각해도 필요 없으면 사지 않는 거야. 이것이 현명하게 돈을 쓰는 법이라고 생각해."

대량으로 사면 싸다고 하지만, 지금 필요한 양만 사면 여분이 없으니 재고도 없고 재고가 없으면 창고도 필요 없다. 회사 경영에서도 이를 도입하여 예산 제도에 기대지 않고 필요한 것은 그때마다 시세에 맞춰 구입하면 된다는 것이다.

고노스케의 아내는 집세도 월말을 기다리지 않고 매달 25일이 되면 어김없이 지불했다. 집주인이 집세를 재촉하기 위해 셋집을 일일이 돌아다니는 것이 보통이었고 집세는 늦는 게 당연했던 당시로서는 보기 드문 일이었다. 그것을 다달이, 월말 5일 전에 입금했으니 기특한 사람이라고 고마워한 것은 물론이었다. 실제로 "젊은 데도 참으로 기특한 부인이야. 세를 많이 받고 있지만 새댁처럼 따박따박 월세를 주는 곳은 없어"라며 집주인도 감탄했다.

고노스케가 오사카전등을 퇴사하고 독립했을 때, 그때만큼은 25일을 지키기 어려울 것 같았다. 그러자 아내는 집주인에게 "회사를 막 그만둬서 수중에 돈이 없어요. 이번 달은 5일 정도만 더 기다려 주시겠어요?"라고 솔직하게 부탁했다. 그동안 신용을 쌓아온 덕분에 "걱정하지 마시게. 돈이 들어오면 그때 줘"라는 대답을 들었다.

그 경영자에 그 아내다. 이런 내조 덕분에 고노스케는 일에 집중할 수 있었다.

'궁하면 변하고 변하면 통한다窮即變變即通궁즉변변즉통'고 했던가, 뜻밖의 곳에서 자금 조달의 돌파구가 그에게 찾아온다.

그 해 말, 카와기타전기라는 이름의 회사가 선풍기의 애반碍盤(속도 조절 스위치를 부착하는 절연기판) 1,000장을 주문한 것이다. 당시의 선풍기는 지지대 부분(애반)이 도기였던 탓에 부러져 버리는 경우가 많았다. 그래서 잘 부러지지 않는 연물로 만들자는 안이 나왔고, 고노스케의 공장에 견본 제작 주문을 한 것이다. 연말에는 어디나 바쁘다. 이런 때 고노스케의 공장에 주문이 들어온 이유는 두 가지다. 하나는 납기가 해를 넘기면 안 되기에 여기저기서 모두 거절했기 때문이다. 또 하나의 이유는 고노스케 공장에서 만든 소켓 연물의 품질이 좋았기 때문이다.

좋은 제품을 만든다면 모든 선풍기에 넣을 수도 있다는 이야기까지 나왔다. 그러나 고노스케는 이에 신경쓰지 않고 도시오 처남과 둘이서 전력을 다해 만들 뿐이었다. 가지고 있는 설비도 엠보싱을 위한 재단기와 연물을 끓이는 냄비뿐 다른 설비가 있을 리 만무했다. 여하튼 해보는 수밖에 없었다. 결국, 약속대로 고노스케가 1,000개를 납품했고 160엔의 수익을 냈다. 원가를 제해도 80엔의 수익이 남았다. 품질도 좋아 연초부터 2,000개의 추가 주문이 들어왔다. 정작 중요한 소켓은 팔리지 않았지만 뜻밖에 찾아온 구원의 손길 덕분에 다음 단계를 위한 자금을 마련할 수 있었다.

사운을 건 일생일대의 대승부

1918년 3월 7일, 고노스케는 오사카시 기타구(현재는 후쿠시마구) 오히라키초에 마쓰시타전기기구제작소를 창립한다. 이날이 사실상의 창립 기념일이다.

선풍기의 애반 주문은 계속 이어졌다. 그 밖에도 '어태치먼트 플러그(attachment plug: 전등선의 코드 끝에 부착시켜 콘센트나 소켓에 연결하는 삽입형 플러그)'라는 제품을 생산하기 시작했다. 이것은 옛 전구의 플러그를 재사용한 제품이었다. 요샛말로 하면 리사이클인 셈이다. 시가보다 30%나 저렴한 이 제품은 날개 돋친 듯 팔려 나갔고, 쉴 새없이 만들어도 부족했다. 며칠 밤을 새며 만들어도 감당이 안 되었고 셋이서 만들 수 있는 차원을 벗어나 있었다. 그래서 새로 사람을 채용했다.

이어서 고안한 '쌍등용 플러그'는 더 큰 히트를 쳤다. 당시 가정에 배급되던 전력은 전등용이었다. 다리미와 선풍기도 보급되던 무렵이었는데 이 전기기구들을 사용하기 위해서는 전구를 뺀 다음 플러그 부분에 연결시켜야 했다. 이게 사용자 입장에서는 여간 귀찮은 게 아니었다. 게다가 한밤중에는 전등을 끄면 캄캄해져 이렇게 교체하는 것도 힘들었다.

하지만 고노스케의 쌍등용 플러그라면 전등을 켠 상태에서 또 하나의 플러그에 전기기구를 꽂을 수가 있었다. 또 당시 전기 요금은 정액제였기에 전기 요금을 걱정하지 않고 사용할 수 있었다.

이어서 고노스케는 획기적인 제품을 개발한다. 바로 포탄처럼 생긴 모양 때문에 자연스럽게 이름 붙여진 포탄형 자전거 램프다. 과거 자전거 가게에서 근무했던 경험으로 불편한 램프에 대해서는 익히 알고 있었다. 당시 자전거 램프는 놀랍게도 양초가 주로 사용되었고 석유램프도 있었으나 고가여서 널리 보급된 상황이 아니었다.

양초는 바람에 금세 꺼져 버리고 석유램프는 비쌌다. 그렇다고 해서 전지식 램프는 수명이 짧은(고작 3시간) 데다 고장도 잦아 실용성에서 크게 떨어졌다. 그럼에도 불구하고 고노스케는 이 전지식 램프 개발에 도전하여 타고난 창의성을 마음껏 발휘했다. 아이디어를 짜내고 짜내 반년 동안에 수십 개의 시제품을 내놓았으며 한 번 점등하면 30~40시간이나 끄떡없는 획기적인 제품을 완성했다.

이렇게 탄생한 전지식 램프가 분명 최대 히트 상품이 될 것이라고 고노스케는 확신했으나 이 또한 파리만 날렸다. 도매상들은 눈길도 주지 않았다. 기존 전지식 램프의 평판이 지나치게 나빴던 탓이다.

"기껏해야 수명이 두세 시간밖에 되지 않잖아? 툭하면 고장 나서 손님들의 원성을 듣는 건 우리라고."

제품에 대한 절대적인 자신이 있었지만 도매상이 취급하지 않으면 소매점에도 들어가지 않으니 손님들이 볼 기회조차 없었다. 빛도 보지 못한 채 그대로 창고에 처박히는 신세가 될지도 모른다. 공장은 멈추지 않고 계속 가동했기에 재고는 점점 늘어나기만 했다. 더이상 기다릴 여유가 없었다.

"좋아, 누구도 믿어주지 않으니 실제로 수명이 어느 정도인지 자신의 눈으로 확인시키는 거야. 백 마디 말보다 확실한 증거를 보여줘야지. 백문이 불여일견이야."

고노스케는 각 도매상에 제품을 한 개씩 진열해 달라고 부탁한다. 그때 단순히 진열하는 게 아니라 램프의 스위치를 점등한 상태로 진열해서 그 결과를 보고 취급할지의 여부를 판단해 달라는 뜻이었다. 이른

1919년, 마쓰시타 고노스케 가족 사진

바 실물 선전이었다. 당연히 램프는 무료였다. 준비한 샘플은 무려 1만 개. 당시의 돈으로 1만 5,000엔이니 실패하면 파산은 불 보듯 뻔했다. 하지만 이렇게 하지 않고서는 악평을 뒤집을 길이 없었다. 일일이 돌아다니며 설득해도 생고생만 하고 이득은 없었다. 하지만 제품에 자신이 있다면 당당하게 제품으로 설득하면 된다는 확신이 있었다.

'틀림없이 알아주는 날이 올 거야.'

고노스케의 예상대로 반향은 굉장했다. "포탄형 자전거 램프는 진짜 물건이야"라며 도매상에서 소매상으로, 소매상에서 소비자들로 입소문이 퍼지자 다음 달부터 매달 2,000개 정도 팔리는 히트 상품의 반열에 올라섰다.

1923년, 회사를 설립한 지 5년이 지나고 있었다.

상인으로서의 미숙함을 깨닫다

포탄형 자전거 램프에는 '엑셀램프'라는 상표를 붙였다. 제조는 고노스케가 전면적으로 담당하고, 판매는 야마모토 다케노부가 경영하는 야마모토상점이 일임하는 계약을 맺었다. 쉽게 말해, 제조와 판매를 분리한 것이다.

고노스케는 야마모토의 상인으로서의 기지를 높이 평가했으며, 야마모토도 고노스케가 가진 제조업에서의 재능에 혀를 내둘렀다. 서로

가 서로를 존경했던 것이다.

애당초 야마모토와 인연을 맺어준 것은 포탄형 자전거 램프(엑셀램프)였다. 이 제품을 판매할 당시에는 날개 돋친 듯 팔렸기에 한 현(縣)에 한 곳씩 전속 대리점을 모집하는 신문광고까지 게재하였는데 그때 야마모토도 응모했던 것이다. 야마모토상점은 오사카 내 전역을 총괄하게 되는데 당시의 판매 전략은 실로 스케일이 컸다.

"지금까지 장사를 해온 감으로 말하면 이 램프는 한 달에 만 개는 팔릴 거야. 그러니까 내가 그만큼 맡지. 3년간 36만 개야. 만약 팔리지 않으면 그 손해는 내가 다 짊어지겠네. 대금 전액을 지금 이 자리에서 자네에게 지불하도록 하지."

야마모토는 배포 있고 강직했으며, 공명정대하고 굉장히 정력적이었다. '이런 상인도 있구나' 하고 고노스케는 탄복했다. 그는 개당 1엔 25전, 만 개면 1만 2,500엔. 3년분의 어음 36장을 적어 고노스케에게 건넸다.

하지만 사실 여기에는 숨겨진 이야기가 있다. 상품은 야마모토의 예상대로 잘나갔고 3년간 약속한 3만 개를 완판했지만 야마모토는 현당 대리점 한 곳이라는 약속을 깨고 일본 전국에 판매해 문제가 되었다. 그렇게 팔았으니 당연히 완판이 가능했을 것이다. 고노스케가 대리점 회의에서 그 점을 추궁하자 그는 이렇게 반론했다.

"시내의 도매상에 판매하면 지방으로 흘러 들어가는 것은 당연하지 않나? 소량 들어간다고 해서 지리적 이점이 있는 현지 대리점의 경영이 근본적으로 흔들릴 리가 없어. 계약을 해지하고 싶으면 위약금으로 2만 엔을 지불하라고. 그게 싫으면 전국 판매 대리권을 양도하시게.”

야마모토의 말이 어쩌면 일리가 있는지도 모른다. 세심한 서비스는 현지 대리점 쪽이 유리할 뿐 아니라 가격도 도매상보다 저렴하게 팔면 된다. 지금의 양판점에서 보듯이 스케일 메리트(scale merit: 규모의 확장으로 얻게 되는 이익)를 살린 점포는 가격을 더욱 낮출 수 있다. 그렇게 되면 현당 대리점 한 곳이라는 원칙은 유명무실해져 버린다.

그럼에도 야마모토의 태도는 당당했다. 자신의 장사법이 옳다는 신념과 자신감이 넘쳤다. 고노스케는 결국 전국 판매권을 야마모토에게 양도했고 엑셀램프의 상표권도 3만 2,000엔에 매각해 버리고 만다. 상인으로서 고노스케의 쓰디쓴 참패였다.

두 사람 모두 사업의 세계에서 매일매일을 진검 승부로 싸우고 있었다. 서로에게 결코 놀이 상대나 술 동무가 아니었다. 그로부터 얼마 후, 방침의 차이로 두 사람 사이에는 마찰과 충돌이 빚어진다. 계약 3년이 경과하여 갱신일이 다가오고 있던 무렵이었다.

“램프는 한때의 유행품이야. 팔릴 때야 잘 팔리지 다 팔리면 그걸로 끝이야. 권리 책임료를 지불한 점에서 보자면 3년이나 5년이라는 일정 기간에 수지를 맞추기 위해 판매 계획을 수립하는 게 장사라는 거지.

10년, 20년이나 이런 게 팔릴 것으로 예상하고 구상하는 자네의 의견에는 난 찬성 못하네"라는 게 야마모토의 입장이다.

고노스케는 "아니, 내 제품은 그런 종류가 아닐세. 앞으로 영원히 계속해서 팔릴 제품이야. 그래서 판매 아이디어를 짜 달라는 걸세. 판매량을 늘려 보면 어떻겠나?"라는 식이었다.

한 쪽은 손을 털려 하고 다른 쪽은 영원한 판매를 지향하고 있으니 의견이 맞을 리 없었다.

그 후 얼마 동안 고노스케는 사각형 전지식 램프의 시제품을 개발하는 데 전념하였다. 특히 이 제품에 쏟아 붓는 열정은 예사롭지 않았다. 이 제품은 고노스케가 '내쇼날'이라는 브랜드명을 최초로 붙인 제품으로 세상의 평가를 받고 싶다는 강한 결의를 품고 있었다.

내쇼날램프는 제품 고장을 크게 줄였고, 가격도 기존품보다 40%나 저렴했다. 그에 더해 설치와 제거가 자유로운 것은 물론, 손전등으로도 사용이 가능했다. 그래서 판매 루트를 자전거 가게에 국한하지 않고 널리 유통시키는 것이 가능했다. 고노스케는 그 어느 때보다 대대적인 히트를 확신했고 시제품 단계에서 판매 파트너인 야마모토에게 보여줬다. 그리고 "이 제품부터 램프는 우리 쪽에서 판매하고 싶다. 그 부분을 양해해 달라"고 야마모토에게 요청했다.

제조·판매 분리에서 제조·판매 통합으로의 대전환의 기회였으나 야마모토가 거절하면 포기할 수밖에 없었다. 계약이 버티고 있는 이상

승산이 없었다. 당연히 야마모토는 싫다고 거절했다. 그럼 절충안이 없겠느냐고 재차 확인하자 "전에 양도한 판매권을 만 엔에 되산다면 생각해 보겠다"는 대답이 돌아왔다. 물론 상식적인 경영자라면 이를 수락하지 않았을 것이다. 반년만 기다리면 계약이 끝나기 때문이다. 하지만 고노스케는 아랑곳하지 않고 당당히 계약을 파기하고 판매권을 되사들였다.

창업자라는 점에서 보자면 이런 태도가 상식적일지도 모른다. 손절매가 만 냥의 가치가 있다(손실의 상태에 있는 주식 등을 반전을 기대하지 말고 손해를 감수하더라도 팔아야만 한다는 뜻). 손해를 감안하고 내리는 판단은 창업자들에게서 흔히 볼 수 있다. 경영의 생초짜, 장사꾼으로서의 미숙함도 한 원인으로 지적할 수 있으나 숫자만으로 계산할 수 없는 무언가가 그렇게 하게 만들고 있는 것이다. 자신의 가치관과 강렬하게 공감한 판단을 최우선으로 여기는 것이 창업자다.

1927년 4월, 완성한 사각형 램프 견본을 무상으로 제공하는 등의 적극적이고 과감한 판매 공세가 효과를 발휘하여 한 달에 3만 개를 출하하는 대성공을 거두게 되었다.

그런데 이런 과정에서 고노스케는 미비한 대리점 제도에 발목을 잡혀 상인으로서의 안이함, 미숙함을 야마모토에게 여지없이 노출시키고 말았다. 하지만 이러한 실패는 그 후의 발전을 볼 때 오히려 좋은 경험이 되었다. 이미 오사카에서는 중견기업으로 인정받을 정도로 성장해 있었지만 아직 대기업은 아니었다. 전국에 이름을 떨치는 대기업이었다면 이런 실패가 허용되지 않았기 때문이다. 그런 점에서 이 일은 고노스케에게 좋은 공부가 되었다고 할 수 있다.

기회는 언제나 위기의 얼굴을 하고 찾아온다 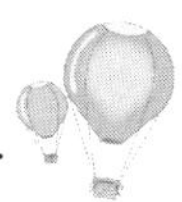

여기서 두 가지를 지적하고 넘어가자. 하나는 야마모토와의 파트너 계약 파기로 독자적인 램프 판매를 개시한 것에 대한 고찰, 또 하나는 인수에 대한 부분이다.

우선 야마모토상점과의 판매 위탁계약을 파기함으로써 고노스케는 큰 이득을 보았다. 램프 판매에 따라 건전지 수익도 있었기 때문이다. 제아무리 수명이 길어졌다고 해도 건전지의 수명은 30~40시간. 그 시간을 넘어서면 건전지의 수명도 다했다. 대체 수요가 언제나 존재하는 '리피트 상품'인 셈이다. 전지가 램프보다 회전률이 높으므로 잘 팔리는 램프를 만들면 자연스럽게 건전지까지 덤으로 팔려 나간다는 계산이 나온다.

마케팅 측면에서 보자면 질레트의 전형적인 수익창출 방식과 비슷하다. 면도기 업체인 질레트가 세계를 제패한 이유는 면도기 가격을 철저하게 낮춰 최대한 점유율을 확보한 후 교체 면도날로 수익을 올리는 비즈니스 모델을 개발했기 때문이다. 지금의 현실에 대입해 보면 복사기와 토너, 잉크의 관계다. 복사기가 보급되면 될수록 토너, 잉크의 판매로 돈을 벌게 되는 것과 같은 이치다.

고노스케는 야마모토와의 위탁 관계를 해소하고 내쇼날램프를 독자적으로 판매하기로 방침을 전환했다. 램프에 내장한 건전지는 애당초 오카다전기상회에서 납품받고 있었는데 결국에는 고노스케의 주문을 맞추지 못하고 말았다. 그러자 고노스케는 본래 경쟁사였던 고모리건전지에 의뢰하여 전속공장으로 삼았다.

내쇼날램프는 꼬리에 꼬리를 물며 팔려 나갔다. 수요를 맞추기 위해 고노스케는 공장을 확장하며 필사적으로 대응했다.

건전지도 부품 중 하나이기에 생산을 늘리면 개당 비용은 필연적으로 떨어진다. 납품하는 쪽이나 납품을 받는 쪽이나 이 사실을 잘 알고 있었기에 가격 인하 요청은 자명한 이치였다. 오카다전기상회는 가격 인하 요구를 받아들였으나 고모리건전지는 제안이 있으니 얘기를 나눠보자는 말을 꺼냈다. 도대체 무슨 꿍꿍인가 하고 들어보니 "지금부터는 마쓰시타 사장님 마음대로 경영해도 좋다. 이 기회에 공장을 포함해서 전부 사장님께 양도하고 싶다"는 제안이었다. 천하의 고노스케도 여기에는 놀라지 않을 수 없었다. 꿈에도 생각해 본 적이 없었기 때문이다.

고노스케는 분명 감개무량했을 것이다. 불과 15년 전만 해도 연물기술을 습득해 보겠다고 남의 공장을 훔쳐보던 그였다. 파편을 주워와

시행착오를 거쳐 연구했지만 결국 건진 게 없던 그였다. 그랬던 그가 지금은 연물보다 훨씬 까다로운 기술이 필요한 건전지 분야에서 기술자와 함께 생산공장을 전부 양도하고 싶다는 제안을 받을 정도로 성장했던 것이다.

기술은 아무리 자신의 힘으로 개발하고 싶어도 쉽지 않다. 만일 성공했다고 쳐도 그 비용은 어마어마하다. 가장 좋은 수는 연물 기술자를 영입한 사례에서와 같이 해당 분야에 정통한 전문 기술자를 돈으로 스카우트해 버리는 것이었다. M&A는 이를 실현하는 데 가장 간단한 방법이었다.

결국 고노스케는 1933년 9월, 고모리건전지를 인수하기로 결정하고 건전지 생산에 본격적으로 뛰어든다. 비로소 램프와 건전지 모두 고노스케의 제품이 된 것이다. 램프가 팔리면 건전지도 덩달아 팔리듯, 시너지 효과를 창출하는 제품을 모두 손에 넣은 셈이다.

세계에서 가장 M&A에 뛰어난 경영자 

고노스케 시절의 파나소닉을 보면 이 회사만큼 거듭된 인수로 성장한 예는 없다. 어쩌면 고노스케는 일본에서 M&A를 가장 많이 경험한 경영자인지도 모른다.

예를 들어 파나소닉에 의한 기업 인수 사례를 들면 가장 최근의 산요전기와 반세기 이상 전의 일본 빅터가 유명하다. 특히 일본 빅터의 경우 "손익계산서, 대차대조표 등의 서류는 일절 보지 않고 개 모양의 마크만 보고 인수를 결정했다"는 뒷이야기는 세간에 널리 알려져 있다.

고노스케에게 있어 최초의 기업 인수 대상은 카와기타전기였다. 독립 초기 자신감에 넘쳤던 개량 소켓이 헛스윙으로 끝나 자금 조달 때문에 한숨만 쉬고 있을 때 선풍기 애반을 주문한 바로 그 회사다. 고노스케에게 사업의 은인이었던 회사가 1929년 금융공황으로 경기가 악화되자 이번에는 반대로 카와기타전기가 고노스케에게 지원을 요청한 것이다. 사정을 들어보니 여간 다급하지가 않았다. 고노스케는 당장 지원을 결정하였고, 이 회사는 훗날 마쓰시타정공으로 발전한다(현 파나소닉에코시스템즈).

참고로 파나소닉의 사업부제事業部制는 주제별로 분사되어 있다. 마쓰시타정공의 사업 콘셉트는 '바람', 카와기타전기가 선풍기 제조업체였기 때문이다. 바람을 콘셉트로 에어컨과 공기청정기, 커피 메이커 등도 담당했다.

사업부제의 경우, 고노스케 서거 후 나카무라 구니오, 그를 이은 모리시타 요이치가 역동적인 구조 개혁을 통해 대대적으로 메스를 가하게 된다.

"호황은 좋다. 하지만 불황은 더 좋다"고 고노스케는 종종 말했다. 정말이지 그의 본심이었다.

경기가 좋으면 경영의 좋고 나쁨을 알 수 있고 다소 서툴게 사업을 꾸려가도 나름대로 수익을 올리니 좋다는 것이다. 불황일 때 엉성하게 경영한 회사는 사세社勢가 기울지만 뛰어난 경영을 발휘한 회사는 불황에도 끄떡없이 실적을 올린다. 그뿐만이 아니다. 불황이면 대다수의 회사들이 생산 감산에 들어가기 때문에 철 등의 원자재 부품도 남아돌게 된다. 이렇게 되면 물건의 가격은 저절로 떨어진다. 철처럼 시세의 영향을 직접적으로 받는 상품은 실수요가 10%만 감소해도 시세가 절반 가까이 떨어지고 만다. 판매 가격은 그렇게 떨어지지 않는데 제작 비용이 절반으로 떨어지므로 이익 폭이 크게 상승한다. "호황은 좋다. 하지만 불황은 더 좋다"는 말이 맞는 말인 것이다.

M&A에는 적대적 인수 합병도 있는 반면 화이트 나이트라 불리는 우호적 인수 합병도 있다. '적대적 인수 합병 따위가 제대로 굴러갈 리 없다'는 게 고노스케의 신념이었던 탓에 무리한 M&A는 일절 추진하지 않았다. 하지만 불황에 허덕여 자금줄이 막힌 경영자가 "우리 회사를 사 달라"고 하거나 융자처가 도산하면 곤란한 금융기관도 재무 상태가 탄탄한 회사에 떠넘기려고 찾아왔다. 고노스케에게도 이런 일이 술을 이었다. 고노스케가 스스로 "그것은 실패였어"라고 토로한 경우가 몇 가지 있었으나 그런 사례는 본래 세월이 흐르면 정리되어 버리는 탓에 역사에 남지 않는다.

앞서 언급한 카와기타전기와 일본 빅터 이외에도 고노스케는 불황

때마다 잇달아 회사를 산하에 편입시켰다. 대충 떠오르는 사례만 열거해도 고토부키전공, 나카가와냉기冷幾, 미야타공업, 고모리건전지, 아사히건전지, 도호전기 등이 있다.

이들 회사들은 하나의 공통점이 있다. 고노스케 쪽에서 인수하고 싶어한 회사가 한 군데도 없다는 것이다. 그런 의미에서 고노스케 서거 후의 산요전기 인수에 있어서도 몸집은 비록 커졌을지 모르지만 질적으로는 과거와 비슷했다.

M&A에서 얻은 '보물'

파나소닉은 M&A 덕분에 배선 기구 제조업체로 출발했음에도 불구하고 자전거 램프 업체, 자전거 제조업체, 건전지 업체, 냉장고 업체, 더 나아가 당시 시대의 총아로 여겨졌던 라디오 제조업체로까지 발전하였다. 라디오는 지금으로 치면 PDP 텔레비전이나 iPhone, iPad와 같은 존재였다. 쉽게 말해 요즘으로 치면 애플사를 인수한 것과 비슷했다.

더구나 M&A를 통해서는 다양한 것을 손에 넣을 수 있다. 본사 빌딩이나 공장과 같은 부동산도 있고 사업이나 기술, 제품도 있다. 종업원, 판매망, 거래처, 브랜드나 영업권도 빼놓을 수 없는 자산이다.

일본 빅터에 대한 인수 준비를 할 때 고노스케는 "마쓰시타전기(파나소닉)가 경솔하게 인수할 수 있는 회사가 아니다"라며 브랜드 가치를 높이 평가하였다. 그만큼 빅터의 성장성을 확신하고 있었다고 말할 수 있다. 또한 여기에는 빅터를 미국 RCA가 인수했다간 기술과 품질에서 월등한 미국 업체들이 일본시장에 물밀듯이 밀어닥칠 수 있다는 강한 위기감이 밑바탕에 깔려 있었다.

전략적 사고가 가능한 경영자들이 볼 때 M&A는 공격, 방어 모두에 다양하게 활용 가능한 경영 수법이다.

M&A의 또 하나의 이점은 바로 경영력이다. 대부분의 사례들은 인수 당하는 측이 인수하는 측보다 경영력이 떨어진다. 기술이나 연구개발이 제아무리 뛰어나고 반짝여도 종합적인 경영력에서 뒤떨어지기 때문에 인수를 당하게 되는 것이다.

히타치제작소는 일본 기업 중 박사 학위자가 가장 많은 기업으로 유명하다. 하지만 실적, 재무 내용, 주가 등을 비교하면 파나소닉 쪽이 압도적인 우위에 있다. 그럼 파나소닉의 인재들이 히타치제작소보다 우수한가 하면 아마도 그렇지는 않을 것이다. 도대체 무엇이 그런 차이를 만드는 걸까?

"우리 회사는 한 명 한 명 모두 평범하지. 하지만 팀워크가 좋아. 경영자를 중심으로 다들 똘똘 뭉치지. 그래서 비범한 종업원만 있는데도 통합이 안 되는 회사보다 강한 거야."

예전에 고노스케는 이와 같은 말을 남긴 적이 있다. 본래 조직이라

함은 평범한 인간을 모아 비범한 성과를 올리는 곳이다. 하지만 대부분의 경우, 특히 그것이 일류 혹은 초일류 인재들이 별처럼 모여 있는 회사들은 각자가 최고라고 우쭐대고 자기주장만 관철한 나머지 협조가 이루어지지 않는다. 사공이 많으면 배가 산으로 올라간다는 속담 그대로다. 또는 "한 마리 사자가 이끄는 백 마리 양떼가, 한 마리 양이 이끄는 백 마리 사자 무리를 이긴다"는 나폴레옹의 말대로인지도 모른다. 백 마리 사자로 구성된 군대일지라도 지휘관이 양이어서는 관리가 제대로 될 수 없다. 반면 평범한 집단이라도 지휘관만 똑똑하다면 승리를 거머쥘 수 있다.

여기에서 말하고 싶은 점은 M&A와 경영력에 대한 것이다. M&A는 경영력을 배가시키기도 한다.

고노스케의 경우 아사히건전지의 인수가 실로 그러했다. 다카하시 아라타로라는 귀한 인재와 파나소닉이 세계적인 기업으로 성장할 수 있는 동력을 얻었다. 다카하시 아라타로는 공적으로나 사적으로나 고노스케를 뒷받침했다. 그렇게 경영력이 강화되었다.

아무리 우수한 경영자일지라도 혼자서는 성공할 수 없다. 책사, 스승, 이야기 상대, 상담 상대를 해줄 수 있는 '파트너'가 필요하다. 도쿠가와 이에야스에게는 혼다 마사노부와 덴카이가, 도요토미 히데요시에게는 다케나카 한베와 구로다 칸베가 있었듯이 업계에는 소니의 이부카 마사루와 모리타 아키오, 혼다의 혼다 소이치로와 후지사와 다케오와 같은 명콤비가 있다.

고노스케를 '경영의 신'으로 성장시킨 일등공신, 그 사람은 어쩌면 다카하시 아라타로일지도 모른다.

중소기업에서 탈피하기 위해 필요한 것 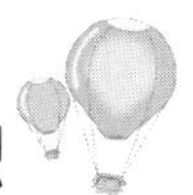

"다카하시는 마쓰시타의 보물이야."

고노스케는 누차 이 대사를 연발하곤 했다. 고노스케는 다카하시를 '보물'이라 칭하고 때로는 '하느님'이라고까지 불렀는데 파나소닉 내에서의 그에 대한 평가는 별명으로 알 수 있다.

그는 '미스터 기본방침' 또는 '마쓰시타의 재건왕'이라는 별명으로 불렸다. 필자도 몇 번인가 운이 좋아 실제 그의 강연을 들었는데 나오는 이야기라곤 늘 기본방침뿐이었다. 즉 "재건하는 데 회사에 필요한 것은 상담역의 기본방침이다. 기본방침대로만 따르면 반드시 재건에 성공할 수 있다"고 다카하시는 입버릇처럼 말했다.

기본방침이란 물론 고노스케가 만든 사시·사훈으로 파나소닉이 순봉遵奉해야 할 일곱 가지 정신(원래는 다섯 가지 정신이었으나 늘어났다)'을 가리킨다.

다카하시는 니와 마사하루와 함께 고노스케의 측근 중의 측근이었지만 미묘하게 위치관계가 달랐다. 다카하시는 고노스케보다 아홉 살

아래여서 언제나 고노스케를 그림자처럼 수행하던 존재였다. 언론에서는 늘 '마쓰시타의 지배인'이라고 소개했으나 내가 보기에는 고문격 같은 지위였다. 하지만 굳이 직원에게 말을 높일 필요는 없다. '군'이라는 호칭도 감지덕지인데 고노스케는 다카하시를 언제나 "다카하시 씨"라고 불렀다(니와는 평생 '니와 군'으로 불렀다).

'보물'이라는 말 그대로 이 표현에는 다카하시에 대한 고노스케의 존경과 신뢰가 담겨 있다. 기업 경영에서 가장 중요한 것은 내부 결속이다. 특히 중소기업이나 영세기업일수록 더욱 그렇다. 파나소닉이 중소기업에서 대기업으로 성장할 때, 그 기반을 마련한 인물이 바로 다카하시다. 또한 경리시스템을 개발하고 완성시킨 것도 다카하시다.

정부가 의뢰한 규슈마쓰시타전기의 창업과 그 기반의 확립, 인사총무의 관리체제, 해외사업, 해외기업재건의 총책임자도 다카하시였다. 무엇보다 그는 마쓰시타 정신의 전도자로 역할을 수행할 때, 자신의 진면목을 유감없이 드러냈다. 종전 직후 고노스케의 전쟁재벌 지정 해제를 위해 오사카에서 심야열차에 몸을 싣고 이틀이나 걸려 GHQ(연합군총사령부)를 찾아간 사람도 다카하시였다.

훗날 고노스케가 사장자리를 사위인 마사하루에게 넘겨주었을 때(1961년)는 고노스케가 회장, 다카하시가 부사장 자리에 앉아 있었다. 그 후 고노스케가 다시 회장에서 상담역으로 물러났을 때(1973년)에는 다카하시가 회장직을 승계한다. 마쓰시타전공의 경영은 니와가 계속해서 담당했지만 파나소닉에 관해서는 처음부터 마지막까지 다카하시가 실질적인 감독이었던 것이다.

역시 다카하시라는 인물은 '지배인'이라는 표현으로는 간단히 정의 내릴 수 없는 존재였다.

철저하게 도리를 지킨 사나이, 다카하시 아라타로 

고노스케는 아사히건전지 인수의 대성공에 대해 수 차례 언급하였다. 그 이유는 당연히 아사히건전지에 다니고 있었던 다카하시 아라타로에 있다. 다카하시라는 인물까지 흡수할 수 있었기 때문이다.

다카하시가 파나소닉에 정식으로 입사한 때는 주식회사 조직으로 변경한 직후인 1936년이었다. 당시 다카하시는 스물여섯 살이었는데 내세울 만한 학력이 있는 것도 아니고, 오로지 실무 한길만 파고 있었다. 일하면서 회계를 공부하여 달인이 된 인물이었다.

다카하시에 대한 일화가 있다. 그는 두툼한 재무제표를 대강 훑기만 해도 정확하게 문제점을 골라냈다고 한다. 속독이리는 말도 있었지만 숫자를 이해하는 게 빨랐고, 어디를 검사하면 좋을지 요점도 번개같이 알아냈다. 그는 성실함과 진지함으로 빈틈없이 무장한 인물이었다.

다카하시라는 인물을 제대로 알려면, 그가 파나소닉에 입사하기 전의 상황으로 돌아가야 한다. 다카하시가 예전 회사에서 아사히건전지의 재건을 위해 파견되었을 때의 일이다.

모회사에서 자회사로 파견될 때 흔히 과장이라면 부장으로, 부장이라면 이사나 전무, 대표이사 등으로 직책이 올라간다. 다카하시의 경우도 마찬가지였다. 상무이사의 직함으로서 파견을 명 받았다.

고작 스물여섯 살의 나이에 이 직책을 부여 받았으니 그의 능력이 얼마나 뛰어났는지는 짐작하고도 남는다. 그런데 부임하자마자 다카하시가 맨 처음 한 일은 회사에서 특별히 준비해 준 직책을 버린 것이었다. 본사에서 "그렇게까지 할 필요는 없다"라고 슬하게 전달했으나 그는 완고했다.

"종업원들은 벼랑 끝에 서 있습니다. 도망칠 곳이 없습니다. 재건을 맡은 제가 도망칠 구멍을 만들어 놓고 그들에게 따라오라고 하면 어느 누가 따라오겠습니까?"

다카하시는 무척이나 부리기 까다로운 남자였지만 사나이 중의 사나이였다. 겉으로는 조용하고 온화한 남자의 표상으로 보였으나 열정적으로 끝까지 도리를 지키려 했던 강직한 남자였고 사리에 어둡지도 비겁하지도 않았다.

이런 성격은 본질적으로 고노스케와 같았다. 하지만 다카하시와 달리 고노스케는 성격이 불 같아서 누구나 보기만 하면 그의 기분을 금세 알 수 있었다. 특히 젊은 시절에는 더욱 그러했다. 임원에게 하도 야단을 심하게 쳐서 상대방을 졸도시킨 적도 있었다. 하지만 도리를 지킨다는 삶의 철학은 같았다. 고노스케는 개인의 능력을 따지기 전에 다카하시의 이러한 성품에 마음 깊이 공감하고, 자신과 가치관이 같음을 간파하여 전폭적인 신뢰를 보낸 것이다.

다카하시가 공장에 부임한 후 두 번째로 한 일은 종업원에게 퇴직금을 지급한 것이었다.

"여러분의 급료는 생활의 기반인 만큼 절대로 깎지 않을 겁니다. 하지만 상여금은 주지 못할 수도 있습니다. 퇴직금을 먼저 드리는 이유는 만일 망했을 때 빈털터리로 쫓겨나 길거리에 나앉는 일은 없어야 하기 때문입니다."

여기까지 말한 다음 이어서 어떤 방식으로 재건할 것인지 그 내용과 스케줄을 마음을 담아 상세하게 설명했다.

재건의 성패 여부를 판가름하는 것은 경영자도 아니고, 상무인 다카하시도 아니다. 성패를 좌우하는 것은 종업원, 곧 현장 직원들이다. 그 종업원과의 첫 대면이니 그야말로 진검 승부가 아닐 수 없다. 형식적인 인사로는 사람의 마음을 움직일 수가 없을 것이다. 도산 직전의 회사에 근무하는 종업원들의 심정을 생각해 보라. 재건담당사로 찾아온 다카하시라는 젊은이가 신뢰할 만한 리더인지 틀림없이 평가하고 있었을 것이다. 자신들의 생계가 걸려 있기 때문이다.

재건을 아무리 떠들어 봐야 어차피 회사의 일, 종업원에게 가장 중요한 것은 과연 급료를 받을 수 있을지의 여부였다. 그런 점에서 이 첫 대면이야말로 재건의 성패를 결정하는 중요한 순간이었다.

이를 고려한 다카하시는 "해고는 없다. 급료는 빠짐없이 지불하겠다. 퇴직금도 미리 지급하겠다"고 직원들을 안심시켰다. 안심한 직원들은 불안한 미래에 대한 걱정 없이 그 후에 이어진 재건계획에 대해 마음을 열고 진지하게 귀를 기울이게 되었던 것이다.

이 일화의 순서가 만약 거꾸로였다면 결과는 뻔하다. 재건을 한다며 자기들을 다 이용해 먹고 마지막에 해고 리스트를 발표하는 게 아닐까 하고 종업원들은 안절부절 못했을 것이다. 이렇게 되면 종업원들도 회사 일에 분명 건성일 수밖에 없다.

이러한 대담한 행동은 MBA 취득만으로는 도저히 할 수 없다. 다카하시처럼 고생을 많이 하여 세상 물정에 밝은 사람만이 가능하다. 아무리 도산 직전의 회사라도 경영자 한 사람의 능력만으로 바뀔 수 있다. 반대로 말하면 제아무리 일류회사라도 경영자 한 사람 탓에 도산할 수

〈 경영자는 무엇으로 평가받는가? 〉

형이상(눈에 보이지 않는 것)	형이하(눈에 보이는 것)
일의 가치관	매출액·이익률·배당
삶의 방식	시장점유율
철학·미학	스킬·노하우
이념	기술력
열정·고집·집념	임금·상여·복리후생
로망	승진도
인간으로서의 성장	사업가로서의 성공

도 있다는 말이다. 비단 회사 경영에 국한되지 않는다. 국가나 학교 운영도 전혀 다르지 않다. 왜일까? 바로 인간사회이기 때문이다.

이 일화는 아사히건전지를 매수하기 전에 고노스케도 분명 풍문으로 얼핏 들었을 것이고 큰 기대를 걸고 다카하시를 맞아들였을 것이다.

이때 고노스케 나이 41세, 다카하시 나이 32세였다.

불청객 교주에게 깨우침을 얻다

고노스케의 스승, 상담역을 들라면 가토 다이칸이라는 인물도 빼놓을 수 없다. 다이칸은 진언밀교(일본 불교 종파의 하나)로 유명한 다이고사(교토시 후시미구)에서 수행하고 사주추명(중국에서 음양오행설을 바탕으로 태어난 사람의 운명을 살피는 방법)까지 깨우쳐 권대승도權大僧都의 지위에 오른 고승이다. 다이칸은 야마모토상점의 경영 고문에 해당하는 책사와 같은 존재였다.

야마모토상점과 계약을 파기한 이후 고노스케는 다이칸과 5년간 만나지 못했다. 고노스케가 상의할 일이 있어 오랜만에 교토에 있는 다이칸의 자택을 찾자 그는 눈물을 흘리며 예전의 일을 토로했다.

이때는 대리점제도를 둘러싸고 야마모토와 고노스케가 갈등을 벌이던 무렵이었다. 고노스케의 고민을 들은 다이칸은 야마모토를 만나 "자네는 이미 벌만큼 벌었으니 마쓰시타 씨가 원하는 대로 해주는 게

어떤가?"라고 조언했다. 야마모토는 그 말을 따랐다. 그 후 파죽지세로
성장하는 파나소닉과 달리 야마모토상점은 그다지 발전이 없었다. 그
러자 야마모토는 "왜 그때 말리지 않았나. 덕분에 손해만 봤지 않나"라
고 다이칸을 맹렬하게 비난했다. 자기 회사가 발전하지 못하는 것에 대
해 엉뚱하게 분풀이를 한 것이었다. 이에 다이칸은 분한 마음에 한동안
술독에 빠져 살았다고 털어놓았다.

그러던 어느 날 다이칸은 고노스케에게 경악할 만한 제안을 한다.

"나는 신자를 버리겠네. 그리고 자네와 자네의 회사를 위해서만 기도하

겠네."

실제로 그는 아내와 함께 고노스케의 집으로 이사해 버리고 만다.
불청객 교주였다. 그 후 고노스케가 회사에 가토다이칸도라는 절을 세
우자 그곳으로 거처를 옮기고 매일 아침저녁으로 2시간씩 고노스케의
건강과 회사의 발전을 기원했다.

고노스케는 다이칸을 책사로서 맞아들였지만 언제나 최종 결단은
스스로 내렸다. 경영자, 특히 창업자는 힘든 자리다. 순간순간 판단을
내리고 결정할 일이 생기기 때문에 종교적, 주술적으로 교주에게 갖가
지 일을 상의하는 경우가 적지 않다. 어떤 경영자는 교주의 말 그대로
실천에 옮기기도 했다. 고노스케는 상의는 하지만 결단은 스스로 내려
확실하게 구분을 지었다.

고노스케가 다이칸의 의견을 솔직하게 받아들인 사례도 있었다. 치

열한 가격 인하 공세로 이골이 날대로 나 끝까지 가보자고 각오를 다질 때였다.

지금도 가전업계의 경쟁은 치열하나 당시도 틈만 보이면 박리다매로 상대방의 고객을 빼앗는 일은 다반사였다. 원가보다 싸게 팔고 싶지 않지만 그렇지 않고서는 버틸 수 없는 경우도 있었다. 눈앞에서 손님이 경쟁 가게로 발걸음을 옮기는 모습을 매일 보고 있으면 손해를 보더라도 손님을 다시 빼앗아 오자고 이를 악물게 된다. 고노스케는 기본적으로 싸게 판매하는 가게는 상대하지도 않았다. 그러나 그 중에는 밑지는 것을 잘 알면서도 집요하게 저가 공세를 펼쳐 단골 거래처를 빼앗아 업계 질서를 어지럽히는 신참들도 있었다. 그 행동이 지나치게 노골적인 가게가 있어 어떻게 문제를 해결해야 할지 고민하고 있었다.

'그래, 기꺼이 결투를 받아들이겠어.'

고노스케는 마음속으로 결사 항전을 선언했으나 일단 다이칸에게 상의만이라도 해보자고 가벼운 마음으로 말을 꺼냈다.

"그거 재미있겠구먼. 하지만 난 반대일세."

"왜요? 재미있겠다고 방금 말씀하셨잖아요?"

"자네 혼자라면 분이 풀릴 때까지 싸움을 하든 무엇을 하든 상관이 없네. 허나 자네에게는 수백 명의 직원들이 있지 않나. 자네 한 사람의 화를 감당 못해 제 살을 깎아 먹으면서까지 싸운들 뭐가 남겠나. 한순간의 기쁨이야 얻을지 모르겠지만 모름지기 대장부가 할 일은 아닐세."

"......"

"굳이 말하자면 필부나 할 짓이지. 그래서 난 권하지 못하는 걸세."

"......"

"싼 곳에 손님을 빼앗길지도 모르지. 허나 자네의 성실함을 아는 손님들은 싸든 비싸든 사줄 거야. 그게 세상의 이치라는 걸세."

그의 말을 듣는 동안 머리 꼭대기로 몰렸던 피가 순식간에 식어 버렸다. '그렇군, 그게 맞아, 그 말대로야' 하고 깨달으면 순식간에 태도를 바꾸는 고노스케의 성격은 좋은 일에서나 나쁜 일에서나 마찬가지로 적용되었다. 고노스케 자신이 조령모개朝令暮改(아침에 명령을 내렸다가 저녁에 다시 고친다는 뜻)를 넘어 조령조개朝令朝改라고 언급하고 있을 정도이니 주위 사람들은 좌불안석일 수밖에 없었다. 고노스케 본인의 말을 빌려보자.

"나는 시시각각 성장하고 있지. 지금 결정했다고 해서 끝난 게 아니야. 더욱 좋아질 방법은 없는지 언제나 생각하고 있어. 그래서 바꾸는 거야."

경영에서 중요한 것은 타이밍이다. 일단 결정한 사항을 지키지 않으면 당장 곤란하겠지만 그럼에도 불구하고 바꾸는 편이 낫다고 판단했다면 당당하게 바꾸어야 한다. 주저해서도, 배려해서도, 명분 운운하며 눈치를 봐서도 안 된다. 무엇이 가장 중요한지 우선순위만 틀리지 않았다면 과정 따윈 얼마든지 바꿀 수 있다. 하지만 당초의 계획에 얽매인 나머지 환경이 급속도로 변화하는데도 상관하지 않고 계획 그대로 고집하며 추진하는 것만큼 아둔한 짓은 없다. 임기응변, 이것이야말로 경영에서 제일 중요한 요소다.

고노스케는 늘 책사의 지시대로 움직이지 않았다. 상의는 하나 세뇌당하지는 않았다는 것이다. 파나소닉의 본사 이전 일화는 그 전형적인 사례다.

공장을 확장하기 위해 오사카 내에서 토지를 찾고 있던 중 저렴하면서 넓은 토지를 발견했다. 현재 파나소닉 본사가 위치한 가도마다.

1933년 파나소닉은 종업원 1,200명, 제조 품목 200개에 달하는 회사로 성장해 있었다. 당시 일본 최고의 전기회사는 도시바로 종업원 수가 4,000명이었다. 그때까지 파나소닉은 오히라키초에 있었으나 미래를 내다보았을 때 새로운 본사와 공장 건설은 실로 긴요한 과제였다.

그런데 딱 하나 탐탁지 않은 점이 있었다. 공장 터가 오사카에서 보았을 때 동북, 곧 귀문鬼門에 해당했기 때문이다. 다들 한목소리로 "이 방향은 운이 나쁘다"고 만류했다. 가토 다이칸에게 상의했으나 의견이 같았다. 요즘 시대에는 이런 미신을 믿는 사람이 없을지도 모르나 홍콩이나 싱가포르처럼 풍수지리를 신봉하는 지역에서는 결코 이상한 일이 아니었다.

그렇다면 고노스케는 어떻게 했을까? 물론 오사카로의 이전을 포기하지 않았다. 그런데 그런 결심을 내리게 된 이유가 자못 흥미롭다.

"남서에서 동북이 귀문이라면 일본열도는 어디를 가도 전부 귀문이
잖아."

그의 말대로다. 비논리적일지 모르지만 스스로 그렇게 납득해 버린
것이다. 직감만으로 행동하지 않고 논리가 직감을 따라잡을 때까지 이
것저것 고민에 고민을 거듭한다. 그리고 나름대로 논리를 발견하면 이
론으로 무장한다. 직감과 이론 즉, 이恝와 이理가 공명하여 마음 깊은 곳
에서 납득하면 이윽고 결단을 내리고 실천한다. 그리고는 뒤도 돌아보
지 않는다.

그렇게 고노스케는 오사카에 본사와 공장을 건설하였다.

사업 따위 때려치우고 스님이나 되자

고노스케의 사생활로 관심을 돌려보자. 1915년, 나이 스물의 고노
스케는 열아홉 살의 무메노와 결혼하고 장녀인 사치코가 태어났다. 그
로부터 5년 후(1925년), 후계자라고 할 수 있는 장남이 드디어 탄생하
고 코이치라는 이름을 붙여준다.

고노스케는 이 아이를 복덩이라고 여겼다. 아이가 태어나던 때가 회
사가 승승장구했던 때인 데다 오사카 고노하나구 구의원에 당선했을
무렵이기 때문이다. 미쓰코시백화점의 우량아선발대회에서 최우량아
로 상도 받은 코이치는 그렇게 탈없이 자랐다.

하지만 1927년 1월 20일, 고노스케는 도쿄에서 돌아오는 밤열차에서 "전보입니다"라고 외치는 목소리에 불현듯 눈을 뜬다.

'코이치 병을 알립니다'

돌아오는 기차 안에서 받은 전보에 고노스케는 불길한 예감에 휩싸였다. 불행히도 고노스케의 예감은 적중했다. 당시의 의학수준이 지금과는 천양지차일지 모르나, 할 수 있는 치료는 아이에게 다했다. 밤새 뜬눈으로 간호하며 온갖 노력을 기울였다. 그렇지만 2월 4일에 아이는 숨을 거두고 만다. 감기가 악화된 뇌수막염이 원인이었다. 그때 아이는 채 돌도 되지 않은 젖먹이였다.

'이제 사업 따위 다 때려치우자. 다 때려치우고 스님이나 되자.'

술에 기대지 않고서는 버티지 못할 정도로 고노스케는 비탄에 잠겼다. 진심으로 사업을 접을 생각이었던 듯하다.

"장사란 그런 한순간의 기분으로 하는 게 아니야. 세상의 공기公器를 빌려서 하는 걸세. 빌려왔으니 잘 닦아서 돌려줘야 한단 말이지."

보다못한 가토 다이칸이 이렇게 깨우침을 주었으나 아들을 잃은 고노스케에게는 들리지 않았다.

가장 사랑하는 장남을 한창 재롱을 부릴 나이에 잃게 되자 고노스케는 새삼 부모님이 생각났다. 아들과 딸을 줄줄이 잃고 남은 자식은 오직 고노스케 한 명뿐이었다. 자식이 먼저 세상을 등질 때마다 부모님의 속은 오죽 했을까? 코이치의 죽음 이후 세 명의 처남이 고노스케를 돕

게 된다.

"잘 모르겠지만 아이의 영혼이 이들을 불러준 것 같아."

이 사건 이후 고노스케는 사업에 목숨을 걸게 되고 경영자로서의 존재감과 산업인으로서의 기개를 철저하게 추구하게 된다. 그렇게 얼마 후 그는 파나소닉의 헌법이라고도 할 수 있는 강령과 신조를 제정하고 수도철학水道哲學(상품을 수돗물처럼 충분히 공급해 세상의 빈곤을 없애자는 고노스케의 경영철학)을 관철하며 자신의 사명감을 각성하기에 이른다.

퇴직금을 건 은행원의 거래 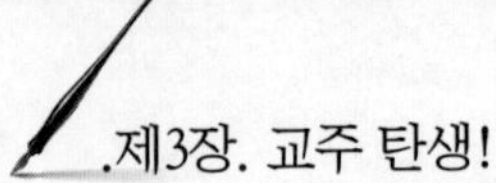

쇼와시대는 금융대공황과 함께 막이 올랐다. 그 후에 이어질 파란만장한 역사를 예고하듯 시작부터가 심상치 않았다.

"1927년 3월 가타오카 나오하루 대장대신의 실언이 발단이 된……"이라는 문구는 일본 교과서에서도 나올 정도로 유명하다. 일본은 관동 대지진 재건채권의 남발과 1차 세계대전 후의 경기 반동으로 단숨에 불황에 빠지고 만다.

여기서 실언이라 함은 나오하루 대장대신이 "도쿄와타나베은행이 파산했다"고 국회에서 답변해 버린 사건이었다. 와타나베은행이 경영 위기에 처해 있었던 것은 사실이었으나 아직 파산한 상태는 아니었다. 관료와 대신 간의 잘못된 소통으로 일어난 일이었다. 나오하루 대장대신의 발언으로 예금자들은 예금을 인출하기 위해 너도나도 은행에 몰려드는 인출소동이 벌어지고 말았다.

이 사건을 월스트리트에서 촉발된 세계공황의 여파로 오해하기 쉬운데 세계공황은 이로부터 2년 후의 일이다. 세계공황의 여파는 아직 일본에까지 미치지 않던 시기, 불황은 어디까지나 일본 국내의 사정에 기인한 것이었다. 거품 경제 붕괴 후의 '잃어버린 10년(두 차례 반복되고 있다!)' 이라 명명되는 불경기와는 달리 쇼와공황은 주로 금융기관에만 타격을 가한 불황이었다. 스즈키상점(현재의 소지쓰의 뿌리 중 하나)이라는 거대 상사의 도산에 이어 연쇄도산이 발생했다.

이로 인해 중소은행들이 잇달아 도산했다. 어느 시대나 그렇지만 이런 와중에서도 예금자는 현명한 판단을 내린다. 예금자들은 중소금융기관의 예금을 빼내 재빠르게 재무력이 탄탄한 재벌계 금융기관(미쓰비시, 미쓰이, 스미토모 등의 은행)으로 갈아탔다.

이때 고노스케가 거래하고 있던 은행인 쥬고은행十五銀行도 도산해 버리는 문제가 발생했다. 어떻게 할까?

'좋아, 한번 물어나 보자.'

1년 전에 스미토모은행이 회사 근처에 지점을 열었었다. 오픈 당시

인사라는 명분 아래 고노스케에게도 은행원이 이용을 권유하기 위해 찾아왔으나 다른 금융기관과 거래하고 있었던 탓에 정중하게 거절하였다. 딱 한 번 "그렇게 열심히 부탁하니까 하는 말이네만, 2만 엔까지 필요에 따라 대출해 주면 거래를 생각해 보겠네"라고 말한 적이 있었다.

이는 고노스케 특유의 허세다. 은행에서 얼마나 진지하게 고민하는지 시험해 보겠다는 뜻이다. 예금 거래도 없는데 무담보용자를 인정해 달라는 데다 더욱이 그 금액이 2만 엔(지금의 1,000만 엔 정도)인 사례는 은행에도 전례가 없었기에 담당자도 즉시 대답하기 어려웠고 지점장과 상의해 보겠다고 했다.

"역시 거래(예금) 쪽을 먼저 터주시면 안 되겠습니까?"

"안 되겠네."

이러한 실랑이가 몇 번인가 계속되자 신임 지점장인 다케다 스나오는 결단을 내려 고노스케의 제안을 전적으로 받아들였다. 고노스케와 만나 대화를 나누어 보니 예사 사업가가 아니었다. 진취적인 기상, 창의성, 식견, 무엇보다 열정이 대단했다. 게다가 파나소닉 자체도 순조롭게 성장하고 있었다. 아마도 막 출시를 시작할 내쇼날램프에 대한 이야기도 들었을 것이다.

'이 회사와 거래하지 않으면 반드시 후회할 날이 올 거야.'

결단을 내린 다케다는 빠르게 움직였다. 스미토모 본사와 담판을 짓고 "만약 내 예상이 틀리면 퇴직금은 받지 않겠다"고 설득하여 이사회에서 통과시켰다. 하나에서 열까지 이례적인 일이었다.

그로부터 2개월 후 금융공황이 발생한다.

"스미토모은행도 힘들겠군. 2만 엔 약속, 제대로 지켜지는 건가?"

걱정하는 고노스케가 오히려 김이 샐 정도로 상대방은 선선히 "물론이죠. 언제든지 쓰세요"라고 대답해왔다.

사실, 고노스케도 시각을 다툴 정도로 자금이 필요한 게 아니었다. 그저 분위기에 휩쓸려 스미토모은행과 거래를 텄을 뿐이다. 그러나 여기에는 분위기만으로는 볼 수 없는 무언가가 있었고 은행은 어려운 가운데에서도 과감히 약속을 지켰다. 금융기관에게는 당연한 일일지 모르나 고노스케는 감격했다. 이후 고노스케는 이 은혜에 보답하고자 오직 스미토모은행이라는 한 은행과 장기 거래를 이어오게 된다.

미담의 이면에는 냉철한 계산이 있었다

그로부터 2년 후(1929년), 일본은 대불황의 늪에 빠져 들었다. 하마구치 오사치 내각의 금해금정책(금 수출 금지 해제를 의미하며 엔화와 금의 자유로운 거래를 인정하고, 금의 수출을 승인하는 정책)이 실패하면서 초유의 위기에 직면하고 만 것이다. 재정재건을 추구하면 경제가 죽고 마는 어리석은 정책이었다.

대미 생生명주실 수출의 침체에 이어 주가가 폭락하고 '대학은 졸업했지만' 이라는 유행어가 탄생할 정도로 고학력 실업자가 단시간에 급증했다. 놀랍게도 일류 도쿄대학, 교토대학을 졸업해도 고작 해야 30%만이 취업할 정도였다. 디플레이션 경제의 진행은 심각성을 더해갔고 농촌의 피폐, 기업 도산, 사업 축소, 인원 감축이 연일 신문을 장식했다. 그 사이 그런 일상도 당연시 되면서 얼마 뒤엔 이런 기사조차 사라져 버렸다.

꿋꿋하게 버티고 있던 파나소닉도 끝내 인원감축을 단행할 수밖에 없는 지경에 이르렀다. 결국 종업원 300명 중 60명의 해고 리스트를 준비했다.

이 비상시국에 고노스케는 지독한 감기몸살로 병상에 누워 있었다. 이우에를 비롯한 경영간부들은 고노스케와 상의를 하기 위해 그를 급히 찾았다. 이미 간부들은 나름대로 선후책을 강구한 상태였다.

"제품 판매가 절반으로 뚝 떨어졌습니다. 이래서는 생산도 반으로 줄여야 합니다. 슬프지만 종업원도 반으로 줄일 수밖에 도리가 없습니다."

고노스케는 눈을 감고 보고를 들었다. 지극히 당연한 말이라고 생각했다.

'그래 수긍은 가. 하지만 이것이 과연 옳은 길일까? 종업원을 절반으로 줄이면 지금이야 어찌어찌 넘어갈 수 있을지도 몰라. 회사도 앞으로 더욱 발전할거야. 하지만 모든 종업원들이 전생에 인연이 있었으니까 채용된 거라고 생각해. 아무리 불황이라 해도 해고하는 건 너무 가혹해. 해고하지 않더라고 모두 일치단결한다면 이런 불황쯤은 헤쳐 나갈 수 있을 거야.'

하지만 현실은 파나소닉의 긴급사태만이 아니었다. 일본경제 자체가 불경기라는 수렁에서 허우적거리고 있었다.

잠시 생각한 끝에 고노스케는 이렇게 말문을 연다.

"좋아, 이렇게 해보세. 단 한 명도 해고하지 않겠어."

"네?"

"공장 생산량은 지금 즉시 절반으로 줄여. 하지만 급여는 전액 지급하는 걸로 하지. 그 대신 점원은 휴일을 반납하고 온힘을 다해 재고를 판매해야 하네."

고노스케는 이런 사람이다. 종업원을 가족이라 말하는 창업자는 많다. 하지만 전생 인연까지 헤아리며 그들과의 연을 쉬이 잘라 버리지 않겠다는 마음과 결단은 아무나 할 수 있는 게 아니다.

고노스케의 결단에 간부들은 기뻐했다. 즉시 회사로 돌아가 모두에게 전달했다. 모두 마음을 졸이고 있었을 텐데 이 한마디 말을 듣고 나들 얼마나 기뻐했을까.

살았다는 안도감과 감사가 종업원들에게 동기부여를 불러 일으켰다. 이렇게 고군분투한 보람이 있었는지 파나소닉은 이듬해 2월에는 재고를 완전히 정리했을 뿐만 아니라 생산이 무려 두 배나 늘어날 정도로 회복할 수 있었다.

경기회복의 계기는 달마장관이라는 별명으로 친숙한 다카하시 고레쿄의 적극적인 확장경제가 주효했기 때문이다. 케인즈(영국 경제학자)보다 일찍 공공사업투자를 전개했던 셈이다. 덕분에 세계적인 불황 속에서 일본은 세계의 어떤 나라보다 빨리 공황 이전의 GDP를 회복해나갔다.

고노스케도 실은 속으로 수치상의 근거를 찾기 위해 머릿속으로 정신없이 주판알을 굴리고 있었다. 해고하지 않겠다고 직감으로 결정한 뒤, 뒷받침할 이론을 모색하고, 이론이 직감을 따라 잡을 때까지 기다렸다.

"가만히 계산해 보니 해고하지 않아도 버틸 수 있겠더군. 그래도 설마 2개월로 불황이 끝날 거라곤 상상도 못했지. 짧아도 반년은 걸릴 거라고 생각했어. 그 반년분의 임금 손해는 견딜 수 있다고 생각했지."

간부들이 그의 판단을 기다리는 동안 병상에서 하나하나 계산하고 있었던 것이다.

'종업원이 300명이라면 하루 임금은 300엔이지. 한 달이면 9,000엔이지만 실제로는 반나절 생산이니 임금도 반이면 되지. 그러니까 한 달에 4,500엔이고 6개월이면 2만 7,000엔이니까, 이 정도 손해면 문제 없어. 좋아, 해고 없이 가보자고.'

당시 7만~8만 엔의 사업 거래가 있으면 서비스로 10%를 에누리해 주었기 때문에 7,000~8,000엔은 앉은자리에서 손해를 보았다. 그렇다면 사업 규모가 절반이 되면 그 손해도 반감될 것이라고 생각했다. 더욱이 싼 가격으로 시장의 물을 흐리는 것보다는 훨씬 낫다고 판단한 것이다. 역시 센바에서 단련된 상인답게 빈틈이 없다.

대부분의 회사가 여전히 불경기로 고통을 받고 있었을 때 파나소닉은 두각을 나타내며 그 어느 때보다 매출과 이익 모두 증대하였다. 디플레이션으로 비용이 큰 폭으로 절감되었기 때문이다. 대기업에서도 대졸 신입사원 채용을 자제하는 곳이 속출했으나 좋은 인재를 채용할 기회라 판단한 파나소닉에서는 처음으로 대졸 신입사원 채용을 시작하였다.

1931년 정월에는 업계에서 최초로 '초하初荷(정월 초이튿날 아름답게 장식한 말이나 수레에 상품을 실어 고객에게 보내는 일)'를 거행하

〈 동기부여는 어느쪽이 강할까? 〉

	자기만족	사명감
목 적	삶의 보람, 동기부여	삶의 보람, 동기부여
대 상	자신! 어디까지나 자신을 위해	사회, 조직, 팀 세상을 위해, 타인을 위해
파급성	어디까지나 개인	사회, 조직, 팀
계속성	자금과 시간, 관심, 살아 있는 한 계속된다	세상의 지지를 받는 이상 계속 된다
파 워	개인의 능력	팀, 동료, 공감능력

였다. 핫피(상인이 상점이나 물건을 알리기 위해 입는 옷)를 입은 종업원이 짐수레에 상품을 싣고 단골 거래처에 납품한 것이다. 그때 전 종업원이 힘차게 박수를 치며 축하했다. '예감이 좋다'는 고노스케의 짐작 대로 주위의 큰 호평을 받으며 주문이 쇄도하였다. 회사 나름의 의식을 통해 사원들의 힘을 하나로 모으는, 이런 아이디어도 고노스케의 특기였다.

고노스케는 불황이라고 넋을 놓고 있는 게 아니라 돈 벌 방법을 고민했다. 이때도 또한 "호황도 좋다, 하지만 불황은 더 좋다"라는 고노스케의 명제를 증명하게 된다.

고노스케, 신화를 뛰어넘다! 

2001년 7월, 파나소닉 창업 이래 최초의 희망퇴직자 모집이 발표되었다. 지원자 수는 주요기업의 종업원 8만 명 중 1만 명(이를 통한 인건비 효과는 1,600억 엔)에 달했다.

1960년대부터 30년간 종업원 수는 4만 명에서 5만 명 내외로, 평균 연령은 27세에서 42세로 상승하였다. 파나소닉도 단카이세대(1947년에서 1949년 사이에 태어난 일본의 베이비 붐 세대)의 대량 채용으로 인해 연령 분포가 그래프로 나타내면 코카콜라병 형태를 보였다.

일단 2000년에 이온그룹 등 대형 유통기업이 채택한 '지역한정사원제도'를 도입했으나 인건비 감축에서는 별 뾰족한 효과를 보지 못했다. '지역한정사원제도'는 지역채용 종업원의 전근을 금지하는 대신에 급료를 10% 정도 적게 책정하는 제도다. 이 제도를 통해 남은 원자재 비용을 점차 격화되는 업계경쟁에서 살아남기 위한 상품 가격인하의 요소로 사용했기 때문이다.

다른 대형 가전업체들처럼 적극적으로 인원감축에 착수했어야 했으나 1927년의 '성공신화'가 지금의 경영간부들에게 지나치게 큰 부담으로 작용한 듯하다. 그 당시 고노스케도 수치상의 근거가 없었다면 해고 철회, 고용 유지라는 결단을 내리지는 못했을 것이다. "지금의 불황은 반년이면 끝난다(실제로는 고작 2개월)"고 예측했기 때문에 이와같은 판단을 내렸던 것이다. '잃어버린 10년'을 반복하고 있는 지금의 일본 경제와는 본질적으로 상황이 달랐다.

다소 전문적인 주제이기는 하나 고노스케가 고용을 지킨 시대와 나카무라 구니오의 구조개혁으로 인원감축책을 추진한 시대가 얼마나 다른지를 고찰해 보자.

파나소닉을 비롯한 대형제조업체들은 석유 위기 이후부터 원자재 비용이 급등했음에도 불구하고 업계 경쟁이 지나치게 치열했던 나머지 제품가격을 올리지 못했다. 그러니 매출이 상승해도 이익 만큼 인건비로 돌리지 못하는 구조였다.

매출은 어느 시대이건 변동비, 고정비, 이익이라는 세 종류로 구성

된다. 1995~2008년에 걸쳐 파나소닉을 비롯한 대형 제조업체들의 매출은 총 43조 엔이나 증가하였다. 반면 변동비는 무려 50조 엔이나 늘어났던 것이다. 그 여파는 인건비와 영업이익에 영향을 미치고 이 두 부분이 깎이고 또 깎인다.

"회사는 돈을 벌고 있는데 월급은 전혀 늘어나지 않아"라는 불만은 이를 증명한다. 실상 늘어나기는커녕 최근 10년간 연수입은 15%나 감소하고 있었다. 다행히도 디플레이션 경제 덕분에 생활비를 융통할 수 있었던 것이다. 석유 위기(1973년)부터 1993년에 걸쳐 네 차례의 경기 후퇴가 발생했으나 임금은 연평균 4.1%나 상승했다. 즉 불황이다, 불경기다 하며 떠들었던 것에 비해 임금은 나름 상승했었는데 1997~1999년에 처음으로 하락한 것이다.

참고로 일본은 고공행진하는 자원비, 재료비를 에너지 절감 기술을 이용해 보완해 왔으나 미국은 불가능했다. 그래서 미국이 제조대국을 포기하고 금융대국을 지향했던 것이다. 사실, 그 장대한 설계도 리먼 사태로 홀랑 날아가 버렸지만 말이다.

나카무라가 등장할 때까지 일본도 비슷한 처지였다. 특히 파나소닉은 고용을 성역화했다. '세계 공황 속에서도 고용을 지켜냈다' 는 성공 신화가 훗날 경영진들을 가시철망처럼 옭아맸음이 분명하다.

그러나 지금의 일본은 2개월 혹은 반년이면 경기가 회복될 것이라고 예측될 수 있는 상황이 아니다. 사실 '잃어버린 10년' 을 왔다갔다

하며 또 한 번 되풀이하고 있는 실정이다.

나카무라는 이 속박을 풀고 신생 파나소닉을 미래로 선회시키기 위해서 성역 없는 구조개혁을 단행할 수밖에 없었다.

실은 파나소닉에 근무하는 필자의 친구도 이 희망퇴직자 모집에 지원하여 명예퇴직할 때까지 우아하게 공부하다가 지금은 동료들과 함께 회사를 차렸다.

파나소닉은 6,000억 엔에 달하는 자금을 준비했다. '과연 파나소닉 은행이라고 불리는 탄탄한 재무구조가 이럴 때 빛을 발하는구나' 하고 필자는 감탄하고 말았다. 항간에는 '다이묘 정리해고(대기업의 인원감축책에 대하여 중소기업에서 일하는 사람들로부터 나온 비판. 다이묘란 일본에서 헤이안 시대에 등장하여 19세기 말까지 각 지방의 영토를 다스리고 권력을 행사했던 유력자를 지칭한다)' 라고 야유도 받았지만 사실 "지나치게 많다"고 사원 본인이 황송해 할 정도로 풍성한 퇴직금을 받았다. 특별 가산금은 24개월 상당이 일반적인 시세인데 특별 라이프플랜지원금은 50개월(조합원은 최대 40개월, 과장급은 45개월)로 동종업계 시세의 두 배 수준이었다. 동종업계는 팡팡 쓰고 싶어도 자금에 여력이 없었던 상황에서 말이다.

2002년 3월기 최종적자는 300억 엔(연결)을 기록했으나 이듬해 이후 실적은 V자 회복을 나타냈다. 정말이지 경영자가 지혜로운 판단을 내린 성과가 아닐 수 없다.

종교단체에서 경영의 진수를 보다

1932년, 파나소닉은 종업원 1,000명을 웃도는 대기업으로 성장해 있었다. 이때 고노스케는 공사다망한 나날을 보내는 중이었다. 연구부를 발족하여 '마쓰시타의 에디슨'으로 유명한 나카오 데쓰지로가 라디오와 다리미 등의 연구 개발에 몰두하고 있었다.

그러던 어느 날, 고노스케는 예전부터 간곡히 견학하고 싶다는 청을 넣었던 천리교 본부를 방문하기에 이른다.

그곳에서 고노스케는 자기 눈을 의심했다. 구석구석까지 먼지 한 점도 없는 청결함에 놀랐다. 더구나 그곳에는 신자들을 위한 학교와 도서관도 있었다.

조용하면서도 광대한 부지를 안내 받으면서 제재소를 향했다.

"훌륭한 목재네요."

"이건 전부 신자들이 기증한 겁니다."

"네? 모두 헌납받은 나무라는 말씀이신가요?"

헤아릴 수 없이 빽빽한 나무에만 놀란 것이 아니었다. 그보다 작업하고 있는 사람들의 표정에 놀랐다. 이들도 모두 신자였는데 즐거움이 가득한 얼굴로 일하고 있는 것이다. 마을공장과는 사뭇 다른 분위기에 고노스케는 무심코 옷깃을 여미고 있었다.

'사뭇 달라⋯⋯'

일단 생각에 빠져 버리면 철저하게 고민하고 밤이나 낮이나 그 문제에 몰두해서 해답을 내야만 직성이 풀리는 고노스케는 돌아오는 전철 안에서도, 집에 도착해 잠자리에 들어서도 계속해서 생각에 빠져 들었다. 하지만 생각하면 생각할수록 궁금증만 커질 뿐이었다.

'불황으로 산업계는 서로 발목을 잡는 추악한 경쟁만 벌이고 있다. 그렇게 해서 돈벌이가 된다면야 좋지만, 실상 기업은 수시로 도산하고 있고 경영자는 야반도주하고 있다. 그와 반대로 천리교 본부는 놀랄 정도로 번영을 구가하고 있다. 도대체 뭐가 다른 거지? 맞아, 종교가 숭고한 까닭은 사람들에게 안심입명(하늘의 뜻을 깨닫고 생사·이해를 초월하여 마음의 평안을 얻음)을 주기 때문이다. 우리들은 생산자여서 정신적인 기쁨을 주지 못하지만 생활에 없어서는 안 될 물자를 제공하고 있어. 형태는 다를지 모르지만 숭고함은 비슷해.'

생산이라는 일은 결코 자신만을 위해 행하는 것이 아니라 많은 사람들의 물질적 필요를 충족해준다. 생산자는 누구나 생산이라는 숭고한 사명을 수행하고 있다. 더욱이 물자를 풍부하게 생산하면 값이 저렴해지니 저렴한 가격에 제품을 제공할 수 있다. 생산자의 사명은 고품질의 제품을 많이 생산하고 저렴하게 판매하여 누구나 공평하게 사용하는 세상을 만드는 데 있을 것이다.

'종교는 정신적으로 인간을 구원하지만 생산자는 물질적으로 인간을 구원하지. 이것이 우리들의 사명이야!'

쇠뿔도 단 김에 빼라고 했던가. 성격 급한 고노스케는 이 작은 깨우침을 종업원들에게 꼭 전달하고 싶었다. 그래서 1932년 5월 5일, 오사카의 중앙전기클럽에 종업원 168명을 초대하기에 이른다. 천리교의 번영을 보고 감탄한 점, 종교의 사명은 숭고하다는 점, 거꾸로 자신들 생산자로서의 사명에 대해 깨달은 점 등 지금까지의 생각을 되짚으면서 시간의 순서에 따라 설명했다. 고노스케는 본래 달변가도 아니었고 많은 사람들 앞에서 이야기한 경험도 전무했다. 더욱이 이 당시에는 뱉어버린 말조차도 정리되지 않을 정도로 연설에 서툴렀다.

하지만 실제 사람에게 감동을 주는 것은 뛰어난 화술이 아니라 그 내용이다.

"어느 날, 공원 주변을 산책하는데 지나가던 인력거꾼이 수도꼭지를 틀어 물을 마시고 있었어. 수돗물은 공짜가 아니지. 가격이 있네. 하지만 누구도 인력거꾼의 무례함을 비난할지언정 물을 마시는 자체를 비난하지는 않아. 왜일까? 수돗물은 풍부해서 공짜나 다름없기 때문이지. 우리들 생산자의 사명은 바로 여기에 있다네. 물자를 풍부하게 생산하여 사람들에게 제공하고 그들의 생활의 질 향상에 기여하는 게지. 마쓰시타전기의 진정한 사명도 바로 여기에 있어."

이것이 그 유명한 수도철학水道哲學이다.

"예부터 무수한 병마보다 고통스러운 게 가난이라는 격언이 있지. 그 가난을 없애면 고통도 사라진다네. 우리는 인간의 정신적인 안심입명

1932년 5월 5일, 창립기념식(장소 : 중앙전기클럽)

에도 기여할 수 있다는 말이야. 여기에서 생산자로서의 사명감, 마쓰시타전기의 사명을 똑똑히 발견했지. 생각하면 과거 15년간은 태아의 시대였지만 비로소 오늘 탄생의 울음소리를 내며 힘차게 세상으로 나아가는 것이야."

생산자로서의 진정한 사명을 명시한 경영자 고시에 이어서 250년간에 걸친 원대한 계획을 발표하였다.

그의 연설이 일단락되자 종업원들이 소감을 발표했다. 당시만 해도 20대의 젊은이들이 많았고 30대를 넘는 사원은 극히 적었으니 젊은이들이 쉽게 흥분했다. 감격하고 흥분한 사원들은 잇달아 각자의 소감을 발표했다. 제한시간도 3분에서 2분, 1분으로 줄였고 마지막에는 한마디로 제한할 수밖에 없었으나 그래도 끝이 나지 않았다. 회의장은 열기에 휩싸여 있었다. 오전 10시에 시작한 행사는 오후 6시를 지나서야 겨우 끝이 났다. 사원들이 얼마나 자신의 이야기를 하고 싶었으며, 얼마나 사명감에 굶주려 있었는지를 알 수 있는 일화였다.

그런데 흥미롭게도 사원들이 열기에 휩싸여 있었던 반면 고노스케는 오히려 냉정하게 있었다. 마지막에 다음과 같은 말을 남겼다.

"이 안에서 두 명, 아직까지 소감을 말하지 않은 사람이 있네. 한 명은 간부야."

이렇게까지 예의 주시하니 소감을 말하지 않은 사원은 쭈뼛거릴 수밖에 없었다. "아니, 너무 많아서 전 빠지려고 했습니다"라고 핑계를 대며 연단에 서서 소감을 말하기 시작했다. 이처럼 고노스케는 마지막 한 사람까지 모두 완벽하게 납득할 때까지 사원들에게 철저히 주지시켰다. 한번 일을 시작하면 어중간하게 끝내지 않는 것이 고노스케의 성격이다. 고노스케 시절의 파나소닉은 최후의 경영위기라 불리는 '아타미회담(1964년)' 때도 어김없이 동일하게 대처했다. 세 살 버릇 여든까지 간다는 속담은 바로 이를 두고 하는 말이다.

고노스케는 이날 5월 5일을 창립기념일로 정하고, 1932년을 창립 원년으로 삼았다. 파나소닉의 창립기념일은 실제 창립 후 14년 후에 제정된 셈이다.

파나소닉이 '긴타로엿'이 된 이유

"타인에게 일을 맡겨 70%를 달성했다면 잘했다고 평가해야 한다."

고노스케는 입에 침이 마르도록 이렇게 강조했다. 그렇다면 나머지 30%는 어떻게 채워야 하는 것일까?

"그것은 전적으로 경영자나 간부 같은 책임자의 일이야."

이러한 경영의 비결, 사람을 부리는 비결에서는 고노스케만 한 명인이 없었다. 자수성가한 '경영의 신'은 특히 이 부분에서 타고난 재능을 발휘했던 것이다.

세계 명문대학출신의 MBA 컨설턴트를 아무리 모아 놓아도 고노스케 한 사람을 이기지 못할 것이다. 고작 2명의 종업원에서 30만 명의 거대 기업이 되기까지 매 단계마다 거기에 맞는 방식으로 용인用人할 줄 아는 리더는 그리 많지 않다.

"경영자의 업무는?"

"방향지시기를 단 심부름꾼이지."

"좌천과 발탁 때는 어떤 점을 배려해야 하나요?"

"좌천은 본인만 납득하면 해결돼. 허나 발탁은 주위가 납득해야만 하지."

고노스케는 결론을 명확하게 지적한다. 부수적인 설명을 듣지 않아도 알 수 있는 이유는 누구나 이해하기 쉽게 말하기 때문이다. 고노스케는 난해하고 심도 있는 내용을 알기 쉽고 간단하게 전달한다. 어린아이도 이해할 수 있게 설명해야 한다는 것이 고노스케의 지론이었다.

"실은 자네에게 사업부장을 맡겨볼까 생각 중이야."

"사업부장이요? 부장과 다른 건가요?"

"다른 거지. 더 높아."

1933년 5월의 어느 날, 고노스케는 예전부터 숙고해 왔던 사업 시스템을 세계 어느 기업보다 먼저 실시하기로 결정한다. 이게 바로 그 유명한 '사업부제'다. 사업부제란 한마디로 말해 업무를 부하 직원에게 철저하게 맡기는 시스템이다.

우선 라디오 부문을 제1사업부, 램프와 건전지 부문을 제2사업부, 배선기구와 합성수지, 전열기 부문을 제3사업부로 나누어 세 개의 사업부를 만들었다.

거의 같은 시기에 미국의 포드사도 사업부제를 도입했는데, 고노스케의 발상은 1927년 전열부를 설립했을 때부터 싹을 틔우고 있었다. 신사업인 만큼 고노스케 자신이 앞장서서 추진해야 했음에도 불구하고 여느 때보다 건강이 좋지 않아 당시 간부들과 업무를 상의하는 것조차 불가능했다. 이러한 어중간한 상태에서 일이 만족스럽게 꾸려질 리 만무했다. 주먹구구식의 일 처리는 고노스케가 제일 싫어하는 것이었다. 고노스케는 다른 경영자가 여러 일을 겸한 탓에 실패한 사례를 숱하게 목격해 왔다. 또한 고노스케 자신도 그런 실패를 경험한 바가 있었다.

'나 혼자서 못할 바에야 차라리 전적으로 맡겨 버리면 되잖아.'

이렇게 결심하고 부하직원에게 기획에서 제조, 판매, 수금까지 일임해 보았다. 그랬더니 기대 이상으로 잘 꾸려갔다.

'내가 하는 것보다 훨씬 낫군.'

흥미롭게도 사업부제의 책임자로 발탁한 인물들은 하나같이 고노스케와 닮은 인물들이었다. 다시 말해, 고노스케가 A라는 방식으로 시도해서 실패했다면 이 책임자들 역시 A라는 방식을 취해 똑같은 실패를 되풀이할 것 같은 인물들이었다. 전혀 다른 방법으로 시도해서 실패한다면 후회가 남으나 자신과 같은 방법을 취했다가 실패했다면 납득이 갈 터였다. 이것이 바로 파나소닉이 '긴타로엿(어디를 잘라도 단면

〈 사업부제의 도입(1933년 5월) 〉

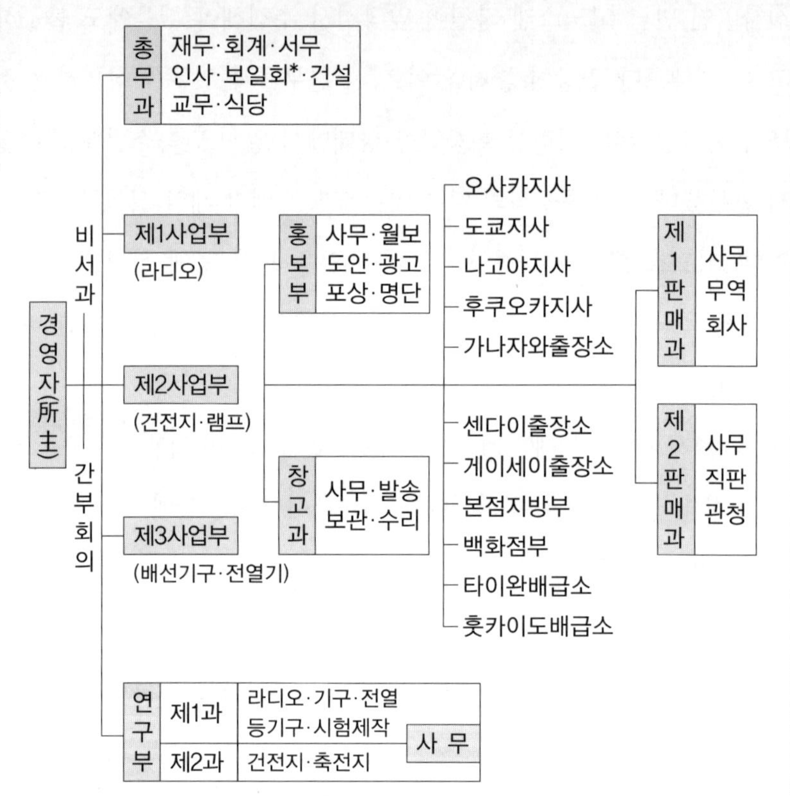

*보일회(步一会) : 세계 2차대전 이후 일본이 심각한 경제난에 시달리고 사회가 극도로 불안해지자 조직원들의 결집력을 높이기 위해 결성한 모임. 경영자를 포함하여 전 종업원이 참가했다.

에 일본의 전설적인 영웅인 긴타로의 얼굴이 나타나는 엿)' 이라 불리는 까닭이다.

사업부 하나하나는 독립회사에 해당하고 사업부의 책임자는 곧 경영자가 되는 것이다. 독립회사를 책임지고 경영한다는 것을 기분에 그치게 하지 않고 자각시키기 위해 사업부장에게 인재, 물자, 자금에 관한 권한과 책임을 대대적으로 부여하였다. 전례에 없는 일이어서인지 간부들도 처음에는 다소 어리둥절한 눈치였다.

확실한 의지를 보여주기 위해 고노스케는 은행통장까지 건네게 된다.

"이게 뭡니까?"

"자네 명의야. 삶아먹든 구워먹든 자네 마음대로 해봐."

사업부장은 은행통장을 맡기고 마음대로 해보라는 말을 들어도 방심할 수 없었다. 고노스케의 '맡기기는 하지만 내팽개치지는 않는다'는 평소의 지론을 잘 알고 있기 때문이다.

모든 것을 내팽개친다면 사업부의 총책임자인 사장이 존재할 이유가 없다. 사업부제를 실시하면서도 각 사업부에 배속한 경비 담당자는 시장 직속으로 편입시키고, 사업부의 결정에 대해서도 거부권을 쥐는 등 고노스케 자신은 치외법권자처럼 행동하였다. 숫자의 입출입만 단단히 알고 있으면 각 사업부의 경영을 눈앞에 있는 것처럼 속속들이 알 수 있을 뿐 아니라 비교대조도 가능하다. 물론 이를 통해 대금회수의 진척 상황도 함께 체크할 수가 있다.

야단을 맞았다면 제 한몫을 하게 된 것이다

"사업부제는 60%까지 성과를 올릴 수 있어. 하지만 나머지 40%는 경영자의 몫이야."

'사업부제는 완벽한 조직제도인가?' 라는 필자의 물음에 고노스케는 위와 같이 딱 부러지게 대답했다.

그러면 여기서 경영자의 몫이란 도대체 어떤 것일까?

예를 들어 경영자 중에는 부하직원에게 모두 일임하겠다고 말은 하면서도 자기가 부여한 일을 잘 처리하고 있는지 밤낮으로 검토를 하는 사람이 적지 않다. 아무래도 신경이 쓰이는 게 인지상정이다. 사업부장의 역량도 은근히 걱정될 것이고 스스로 하지 않으면 안 된다는 자신감의 발로일지도 모른다. 사업부장 이하의 종업원들을 신뢰하지 않기에 전적으로 일임하지 못하는 것이다. 이런 유형의 경영자에게 사업부제는 무리다.

고노스케는 종종 "부하가 정말 대단하게 보인다"고 말했다. 이 말은 남들에게 보이기 위한 단순한 겉치레가 아니라, 그의 본심에서 진정으로 우러난 표현이었다. 허약한 체질을 타고난 고노스케는 독립 직후부터 요양에 신경 쓰면서 일해 왔다. 처남인 이우에 도시오가 고등소학교를 졸업한 후 곧바로 고노스케를 돕기 시작했던 때는 그의 나이 고작 열네 살 때였다. 고노스케가 병상에 누워 있을 때는 별수 없이 자신이 사업을 시작하던 시절 나이의 어린아이에게도 부탁을 해야 했다. "이 회사의 사장님을 만나 이런 제품을 납품해서 와라"라며 대금 수금을 지시했다. 고노스케의 명을 받은 사환은 나름대로의 기지를 발휘해 고노스케가 기대한 이상의 성과를 거두고 돌아왔다.

'그놈, 제법인데.'

이렇게 일을 전적으로 맡기는 동안 자연스럽게 뛰어난 인재로 성장했던 것이다. 사업부가 있기에 사업부장을 맡긴 것이 아니라 사업부장을 맡길 만한 인재가 그만큼 있었기에 사업부로 바꾼 것이다. 이 점이 실로 중요하다. 전후 이치를 분명히 알아야 한다.

"부하 직원에게서 최대한 장점을 발견하려고 노력해 왔지요. 물론 실패한 적도 있습니다. 하지만 그래도 상관없었어요. 만약 제가 단점만 보는 인간이었다면 마음 놓고 다른 사람에게 맡기지도 못하고 실패하지 않을까 잔걱정이 끊이질 않았겠죠. 다행히도 결점보다는 장점과 재능에만 눈이 갔기에 '저 녀석이라면 잘할 거야, 주임을 맡길 만해, 부장도 좋지 않을까, 회사 경영을 맡겨도 괜찮겠지'라고 생각하며 별다른 걱정 없이 맡길 수 있었죠. 이렇게 믿고 맡기면 각자의 역량을 스스로 키울 수 있다고 생각합니다. 특별히 우수한 인재들이 모인 것도 아닌데 꾸준히 성장하고 발전하고 있는 현재의 모습이 사업부제가 잘 돌아간다는 가장 큰 증거라고 생각합니다."

그러나 사업부장이 조금이라도 안일하게 경영하는 것을 알게 되면 고노스케는 불호령을 내렸다.

"경영이라는 건 열심히 해도 결과가 좋지 않을 수 있어. 적자를 볼 때도 있지. 밤에도 누운 채 이리저리 뒤척이며 잠을 못 이루기 일쑤지. 때로는 혈뇨까지 보기도 해. 그러다가는 점차 악화되어 나처럼 병에 걸릴 수도 있어. 자네, 사업부장 자리까지 올랐는데 병에 걸리면 얼마나 불행하겠나. 그래도 자네는 수당이라도 올라가지. 제일 불행한 사람은 자네 부하야. 적자가 이어지고 경영자는 병으로 쓰러져 회사가 도산하게 되면 자네 부하는 당장 어디로 가란 말인가. 회사를 부활시키는 작업이 쉽지 않지만 자네가 경영이라는 일을 좋아한다면 아무리 고되고 힘들어도 좋아하는 일을 하는 것이라고 생각을 고쳐먹겠나? 그러면 투지도 솟아오르고 즐거워 질거야. 그러다 보면 기발한 아이디어도 나올 거고. 자네, 혹시 경영이 싫다면 솔직히 말해 주게나. 다른 업무를 찾아줄 테니 말일세."

고노스케에게 이런 말까지 들었다면 죽기 살기로 경영하는 수밖에 없다.

파나소닉에서는 고노스케에게 야단을 맞았다면 '제 한몫을 하게 된 것'이라는 말이 전해진다. 고노스케는 일반 종업원들에게는 친절했고 늘 잔잔한 미소를 띠고 대했지만, 경영간부에게는 말도 못하게 엄격했다. 웬만한 성과가 아니고서는 칭찬하지 않았다. 도깨비와 부처가 공존하는 듯한 경영자였다. 그러나 엄격하다는 것은 그의 역량을 인정하고

1934년, 사업부제를 설명하는 고노스케

있다는 증거다. 그것은 옆에서 봐도 분명했다. 그래서 다들 고노스케에게 야단을 맞으면 더욱 힘을 냈다. 그 중에는 야단맞은 일을 자랑하는 사람까지 생겨났다.

언론의 뭇매를 맞은 경영판단 실수의 진상

"사업부제는 60%까지 성과를 낼 수 있어. 나머지 40%는 응당 경영자의 몫이야"라고 말한 또 다른 이유는 사업부제의 폐해를 보완하는 것은 사업부장이 아니라 그 위의 경영자라는 뜻을 내포하고 있다. 오직 경영자만이 사업부장의 위에서 전체를 점검하고, 관리하는 일이 가능하며, 또 그에 합당한 책임을 질 수 있기 때문이다.

사업부장이 사업부 경영에 대해 전반적인 권한을 가지는 동시에 모든 책임을 지게 되면 다른 사업부 업무에는 관심을 가지지 않게 된다. 이러한 상태가 지속되면 '우물 안 개구리 문화'로 흐르기 쉽다. '개인=독립경영체'로는 기능하지만 '개인의 집합=전체'로서는 기능하지 못한다. 다시 말해, 사업부제는 '부분최적部分最適·전체부적全體不適'이라는 함정에 빠지기 쉬운 조직제도인 것이다. 회사 조직은 우리 몸과 마찬가지다. 서로 간의 의사소통이 원활하게 이루어지지 않으면 순환이 순조롭게 되지 않아 문제가 생길지도 모른다. 시스템이 유기적으로 기능하지 않은 탓에 회사에 큰일이 벌어진다면 어떻게 해야 할까? 이때야말로 경영자가 절실히 필요한 때이다. 경영자로서 확실한 결단을 내려야만 한다.

그런데 고노스케가 우려하던 사업부제의 결함이 노출된 사건이 1964년에 발생한다.

'파나소닉, 컴퓨터 사업에서 철수!' 라는 뉴스가 보도되었을 때의 일이다. 이는 지금도 경영실패 사례로 회자되고 있는데, 필자는 예전에 본사의 기업실장을 역임한 간부에게 이 사건에 대해 들은 적이 있다.

"고노스케는 대형 컴퓨터에서 철수하겠다고 했지만 장래 가정에 보급될지 모르는 컴퓨터(지금의 PC) 연구는 지속할 것이라고 똑똑히 말했어."

즉 '대형 컴퓨터 사업에서 철수' 하겠다는 정보가 언론에게는 '컴퓨

〈 사업부제의 장점과 단점 〉

장 점

① '작은 사장' 을 만든다.
② 본사의 뜻에 흔들리지 않고 사업부장이 독자적으로 의사를 결정할 수 있다.
③ 시장 동향의 파악과 대응이 빠르다.
④ 매출과 이익의 책임 소재가 명확해진다.
⑤ 본사는 보다 전사적, 전략적인 업무에 집중할 수 있다.

단 점

① 각 사업부가 경영기능을 가지고 있는 탓에 경영자원의 중복이라는 낭비가 발생한다.
② 파벌주의가 발생한다.
③ 중복 사업부에 걸친 신상품, 신서비스가 탄생하기 어렵다.
④ 자기가 속한 사업부만 좋으면 된다는 이기주의 풍조가 만연한다.
⑤ '작은 사장' 밖에 나오지 않는다.

터 사업에서 철수' 하겠다는 식으로 잘못 흘러 들어간 것이다. 그 여파는 어마어마했다. 컴퓨터 관련 사업부가 모든 연구를 중단해 버린 것이다. 후일 고노스케로부터 "어떻게 되고 있어?"라고 질문을 받은 경영간부는 몹시 당황했다. 연구가 중단되면서 사태가 말도 못하게 커졌기 때문이다. 뒤늦게라도 서둘러 따라잡기 위해 안간힘을 썼으나 출발 직후의 중단된 시간차는 파나소닉에게 치명적으로 작용했다. 이것이 사업부제의 약점이었다.

"대형 컴퓨터 사업은 중단할 겁니다. 하지만 소형 컴퓨터(PC) 연구는 지속할 겁니다"라고 경영간부가 확실히 챙기고 있어야 했다.

아직까지도 파나소닉의 컴퓨터 사업 철수는 경영판단 실수라는 꼬리표가 붙어 있는 듯하다. 그러나 이는 틀린 평가다. 거듭 강조하지만 판단 실수는 어디까지나 소형 컴퓨터의 연구에서 철수했다는 잘못된 보도였다. 대형 컴퓨터 개발에서 철수한 것은 명백히 옳은 판단이었다.

미국 체이스맨해튼은행의 찰스 케인(당시 부은행장)과의 면담은 고노스케에게 대형 컴퓨터 연구에서 발을 빼는 계기가 되었다. 찰스 케인은 컴퓨터 개발을 중단시키기 위한 목적으로 일본을 방문한 것은 아니었다. 실은 이미 제휴를 통해 마쓰시타전자공업이라는 회사를 합병하면서 만든 파트너, 네덜란드의 필립스사(정식 명칭은 필립스백열전구제조주식회사)와 마쓰시타통신공업 사이에 대형 컴퓨터 합작회사를 설립하자는 계획이 확정된 상태였다. 이 계획은 막대한 자금을 필요로 했기 때문에 주거래은행만으로는 부족해 일본코교은행(당시)의 협력까지 받아야만 했다. 미국의 금융기관에도 협력을 부탁해야 할 일이 발생할지도 몰라 케인이 인사차 방문한 것이다.

잡담이 이어지는 가운데 별안간 떠올랐다는 듯이 찰스 케인은 다음과 같은 질문을 꺼냈다. 아마도 전부터 납득이 가지 않아 물어보고 싶었던 듯하다.

"듣자 하니 일본에서는 컴퓨터 연구 개발에 일곱 개 회사나 참여하고 있다는데 너무 많지 않나요?"

단도직입적인 질문에 고노스케는 무릎을 쳤다. 고노스케도 그동안 회의적인 시선으로 이 사업을 지켜보고 있었기 때문이다.

"미국의 상황은 어떤가요?"

"미국은커녕 전 세계 어디에도 순조로운 곳이 없어요. 다른 부문에서 돈을 벌어 그럭저럭 꾸려가고는 있지요. 그러나 컴퓨터는 모두 적자입니다. 미국에서도 IBM을 빼고는 영 맥을 못 추고 있어요."

'컴퓨터의 본고장에서도 거인인 IBM만이 수익성이 있다. 그런데도 일본에서는 일곱 군데나 사업을 하고 있으니 이 문제는 필히 고민해 봐야 해.'

특히 컴퓨터 사업으로의 진출 경쟁은 과열 상태였다. 컴퓨터 예산은 어느 기업이나 정점을 찍고 있었다. 개발에 성공만 한다면 업계를 장악하는 히트상품이 되리라는 것은 불 보듯 뻔했기 때문이다. 그래서 각

업체들은 눈에 쌍심지를 켜고 개발에 매진하고 있었다. 게다가 미국을 대표하는 대은행의 부은행장이 그 주제를 슬쩍 흘리고 있었으니 더 조사할 필요가 있다고 고노스케는 생각했다.

컴퓨터 철수는 최고의 정답이었다 

'더 이상 전후戰後가 아니다.'

경제백서에 나온 유명한 문장이다. 전후 일본인들은 자신의 조국이 패전에 따른 피폐함에서 벗어나 가까스로 재건되고 있다고 생각했다. 내일은 오늘보다 필시 좋아질 것이라고 막연하게나마 희망을 가졌다. 어렴풋이 그런 꿈을 품어도 이상한 시절은 아니었다. 소득배증계획(1960년 12월 27일에 발표된 계획으로 일본 각의가 10년 안에 국민소득을 두 배로 올리겠다는 계획)이 대대적으로 발표되기 시작했다.

일본 국민이 '3번가의 석양(1955년부터 1964년까지 일본의 평범한 도시를 배경으로 한 만화. 쇼와 고도성장의 시작을 상징한다)'에 동경심을 품고 바라보던 쇼와 30년대. 이 무렵 파나소닉을 비롯한 7개의 대형 전기업체는 다가올 효자상품으로 대형 컴퓨터에 주목하고 있었다.

고노스케는 5년 전부터 마쓰시타통신공업(당시)에 십여 억 엔에 달하는 개발비를 투자하여 드디어 시제품이 완성되었고 실용화를 위해 필립스사와 제휴하여 신생 회사 설립 계획을 극비리에 추진하는 중이

었다. 전기업계에서는 7개 대형 전기업체가 2억 엔씩 출자하여 일본전
자계산주식회사를 설립하고 고성능 기종의 공동개발에 전념하고 있었
다. 하지만 고노스케는 마음 한편으로 불안함을 느꼈다. 물론 파나소닉
에서도 연구자와 기술자들이 열심히 노력하고 있다. 그러나 이 작은 일
본에서 7개나 되는 회사가 컴퓨터 같은 돈 먹는 하마에 힘을 쏟아도 되
는 걸까? 과연 미래에 7개 회사 모두 제대로 밥이나 먹을 수 있을까?
사업으로서 이게 과연 잘될 수 있을까?

이런 고민을 하던 중에 미국의 은행가가 방문한 것이다.

'일곱 개 회사가 한 시장에서 다툰단 말이지. 회사가 딱 세 개 정도만
되어도 좋은데.'

회사가 너무 많다. 이렇게 계속 나아가다간 마구잡이식 저가 경쟁이
벌어질지도 모른다. 이대로 개발을 이어갔다간 미래가 없다. 그리고 결
국에는 공멸할 것이다. 막연하게 품고 있던 불안감이 선명해졌다.

'컴퓨터 개발도 중요하나 지금은 달리 해야 할 일이 있다. 이 사업은
뼈를 깎는 심정으로 철수할 수밖에 없다.'

1964년 10월, 파나소닉은 정식으로 대형 컴퓨터 사업에서 철수한다
고 발표했다.

'이제 와서 철수라니 어불성설이다', '기술이 없어 중단하는 것도
아니고, 자금이 없어 중단하는 것도 아니다' 언론은 연일 이런 기사를
쏟아내며 파나소닉을 맹폭했다. 고노스케의 고통스러운 결단을 언론은

끝끝내 이해하지 못했다. 그 결과 대형 컴퓨터 사업에서의 철수는 고노스케 통한의 실패라는 낙인이 찍히게 된다.

그러나 그 후 이 분야의 사업은 어떻게 되었는가? GE, RCA, 지멘스 등 세계 일류 기업들이 속속 철수하기 시작했고 IBM이 대부분을 독점하기에 이르렀다. 그 IBM도 결국 컴퓨터 사업을 매각하고 만다.

올(ALL) 파나소닉이 아니면 살아남을 수 없다 

전쟁에서는 가장 뒤에 있는 부대가 제일 힘들다. 파죽지세로 전진하는 공격은 누구나 할 수 있지만 멈출 때를 아는 것은 어렵다. 너무 이르면 이득이 적고, 그렇다고 너무 늦으면 위험하다. 적절하게 공수의 타이밍을 맞추는 것이 고도의 전술이다.

"칼을 뽑고 실컷 싸우고 난 뒤에 졌다고 하면 이미 늦습니다. 칼을 뽑고 자세를 가다듬고 나서 '아, 나보다 위다', '항복이다' 라고 바로 알 수 있어야 합니다. 사업도 마찬가지라고 생각합니다. 컴퓨터 사업을 5년이나 했지만 우리 회사는 초기 단계에서 그만뒀습니다. 이 때문에 신용은 추락하고 말았죠. 하지만 만약 그대로 지속했다면 지금 처참하게 실패했을 겁니다. 사업에 대한 감이라고 한다면 감이지만 이건 경험에서 오는 것이죠. 사업에서는 무리하지 않는 게 가장 중요하단 걸 자연스럽게 알게 되었습니다. 한번은 재봉틀 사업을 추진한 적이 있습니다.

외부의 의뢰를 받고 별 생각 없이 재미를 좀 보겠다며 수락했죠. 처음에는 손해를 보지 않는 선에서 그만두고 싶었지만 좀처럼 그만둘 수가 없었어요. 속 좀 끓였습니다. 이런 경험에 대한 깨달음이 있었기에 컴퓨터를 일찍이 중단했던 겁니다."

일화에서 보듯 고노스케는 실패를 실패로 끝내지 않고 귀중한 교훈으로 활용하고 있음을 알 수 있다.

사업부 간 의사소통에 실패했음에도 고노스케는 사업부제야말로 제일 탁월한 조직이라고 여겼다. 몇 번 물어도 대답은 같았다. 다만, 사업부제의 최대 성과는 60%, 40%는 경영자의 몫이라는 부언을 잊지 않았다.

1935년, 파나소닉을 주식회사로 변경할 때 분사를 10개나 설립했다. 모든 회사를 하나로 묶자는 제안도 있었지만 어차피 주식회사로 바꿀 것이라면 사업부를 그대로 회사로 승격시켜 버리는 편이 빨랐다. 그 결과 마쓰시타전기산업(=파나소닉)을 지주회사, 종합모회사로 세웠다.

'그 편이 자주책임체제가 명확해져 종업원도 간부도 책임의식을 자각하겠지. 창의성이 전면에 드러날 거고 눈치 보지 않고 100% 역량을 발휘할 수 있어. 결점이라고 하면 다소 독창적이랄까, 독단적인 측면이 나타날지도 모른다는 거지. 결점으로 보면 결점이지만 그 때는 서로 충고해 주면 되는 거야.'

파나소닉은 사업부, 자회사, 관계회사 등 많은 회사를 거느리고 있다. 전체 그룹에는 무려 100개가 넘는 사업부가 존재한다. 이 경우, 알게 모르게 서로 중복된 제품을 출시하는 경우도 나온다. 이런 사태는 대기업이기 때문에 겪는 숙명일지도 모른다. 요즘이라면 인터넷 시대라 무엇이 중복되었는지 인트라넷으로 검색하면 순식간에 알 수 있다. 그러나 고노스케 시절은 이게 쉽지 않았다. 더구나 만약 이것이 사외극비, 사업부외 극비인 연구개발 제품이라면 더욱 그렇다. 현실적으로 사업부 서로 간에 정보를 공유하는 것은 불가능했다.

앞서 서술한 바 있지만 파나소닉은 상품별로 사업부가 나뉘어져 있다. 그리고 상품은 '주제' 별로 분류되어 있다. 이를 테면 선풍기, 공기청정기, 에어컨 등 '바람'과 관련된 제품은 마쓰시타정공(당시)이 담당하는 식이다. 그런데 에어컨은 마쓰시타전기와 마쓰시타냉기도 생산하고 있었으며, 공기청정기는 주택기기와 관련되니 파나소닉전공이 제조하고 있었다.

팩스 분야에서는 마쓰시타전송(구 도호전기)이 '파나팩스'를, 규슈마쓰시타전기가 '오탁팩스'라는 가정용 팩스를 중복 제조하여 10년이나 싸워왔다. 전자화이트보드의 경우에는 다섯 군데의 사업소가 중복생산했다. 이러한 사내 경쟁이 업계 1위의 점유율을 목표로 경쟁한다면 문제될 게 없으나 실정은 다르다. 중복의 단점은 연구개발비, 판매망, 선전비, 재료 등 모든 분야에서 역량이 분산된다는 것이다. 대기업임에도 중소기업이 가진 핸디캡을 안는 격이다. 일부러 경쟁력을 갉아먹을 필요는 없다.

특히 디지털 상품의 경우, 기술적으로 사업부의 역량을 한곳으로 집중하는 연구개발이 필요하기 때문에 쓸데없이 기술을 분산해서는 제품화, 사업화에서 뒤처질 수밖에 없다. 같은 그룹이라고 하나 시장에서는 라이벌이다. 아니, 같은 그룹이기에 서로 갈등이 생기면 해결하기가 더 어려울 것이다. 고이고이 키워낸 기술을 서로에게 그리 쉽게 내놓을 수 없다는 생각도 십분 이해가 된다.

하지만 그런 생각을 할 여유가 있을까? 나카무라 구니오는 사장에 취임하자마자 철저한 구조개혁을 단행하였다. 이는 사업부제를 부정하고 고노스케 신화를 부정하는 것처럼 보였다. 그러나 그 본질은 사업부제의 부정도, 더구나 고노스케의 상징을 부정하는 것도 아니었다. 고노스케가 가장 중시한 '임기응변', '융통무애融通無碍(어디에도 구애받지 않고 자유로움)'의 경영과 다름없었다. 마쓰시타전송과 규슈마쓰시타전기가 재편되자 팩스 분야에서만 금형의 공통화가 추진되어 비용이 절반으로 확 줄었고, 부대기기의 공유화 등을 통해 낭비를 제거하여 효율적인 시스템으로 바뀌었다.

시대는 디지털가전에 그치지 않고 주택에서 도시개발에 이르기까지 '올(ALL) 일렉트로닉스'로 대처하는 시스템 가전시대를 맞고 있었다. 사업부 단위로는 버틸 수 없었다. '올(ALL) 파나소닉'으로 임하지 않으면 살아남을 수 없었다.

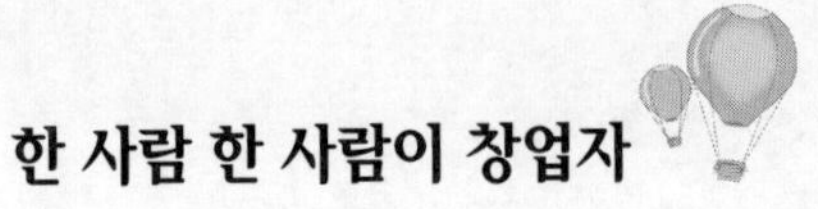

한 사람 한 사람이 창업자

나카무라는 올 파나소닉 체제를 확립하기 위해 과감하게 그룹 계열 사들의 흡수합병을 전개하였다. 우선 2002년 1월에는 도쿄증권거래소 1부에 상장 중인 마쓰시타통신공업, 규슈마쓰시타전기, 마쓰시타고토 부키전자공업, 마쓰시타정공, 비공개의 마쓰시타전송시스템을 주식교 환 방식으로 자회사로 단숨에 통합했다(이미 마쓰시타전지공업, 마쓰 시타산업기기는 자회사인 상태였다).

주식교환은 일본 기업을 쉽게 인수하기 위해 미국정부가 일본에 밀 어붙이고 있던 정책이었으나 회사법이 개정되자마자 때를 기다렸다는 듯 파나소닉이 역이용한 것이다.

〈 나카무라 구니오 회장의 가전영업 혁명(2001년) 〉

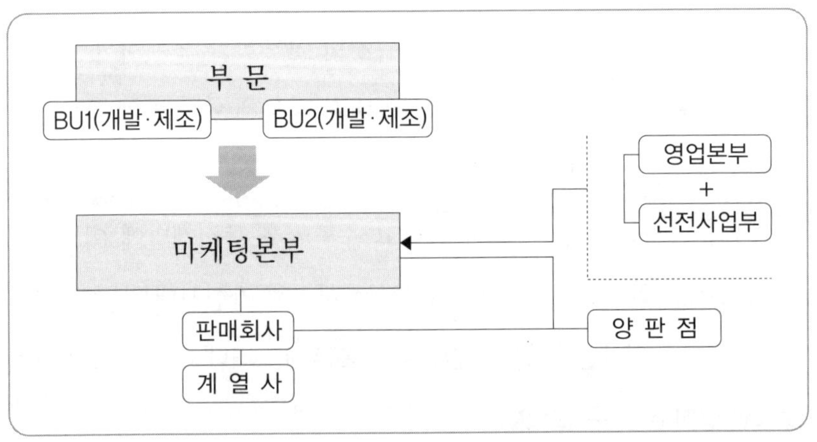

그리고 '파나소닉이 여기까지 할 줄이야'라고 산업계를 감탄시킨 것은 2003년 말, 지분법 적용 자회사인 마쓰시타전공(물론, 도쿄증권거래소 일부 상장)에 TOB(Take Over Bid: 주식공개매입제도)를 실시한 것이다. 고노스케가 파나소닉 이상 인정했던 전공까지도 통합해 버린다.

"어중간한 건 용납 못해"라는 고노스케의 목소리가 들리는 듯하다.

2003년의 파나소닉 경영 슬로건이야말로 이를 상징한다. '한 사람 한 사람이 창업자', 이 한마디에 나카무라의 집념이 담겨 있다.

규슈마쓰시타전기, 마쓰시타통신공업, 마쓰시타전송의 사업을 재편하여 파나소닉커뮤니케이션스로, 마쓰시타통신공업의 휴대전화 및 이동통신단말기 사업을 재편하여 파나소닉모바일커뮤니케이션스로, TV·라디오·음향기기·디지털카메라 사업을 재편하여 파나소닉AVC네트워크로 각각 통합시켰다.

물론 파나소닉은 가전사업의 강자이다. 하지만 네트워크화된 올 파나소닉을 활용한다면 다음과 같은 대규모 프로젝트도 전개할 수 있다. 게다가 세계적인 규모로 말이다.

'파나소닉, 에너지절감형 도시개발 관련 사업에 1조 엔 목표'

(2010년 12월 28일자 일본경제신문)

파나소닉은 27일, 환경친화형 도시개발 관련 사업으로 2018년에 매출 1조 엔을 지향한다는 방침을 밝혔다. 주택 내부의 에너지소비를 감시,

제어하는 'HESM(홈에너지매니지먼트시스템)'이라는 기기를 핵심으로 에너지절감 관련 제품을 일괄 납품하는 '올인원' 전략을 추진한다.

환경친화형 집합주택이나 도시인프라 정비용으로 HESM기기, 리튬이온전지를 사용한 축전지, 태양전지, 대형공조, 에너지 절감 가전 등을 조합하여 일괄 납품한다. 신규 사업으로 인한 매출액은 거의 전무하나 2015년에는 약 2,500억 엔, 2018년에는 1조 엔을 목표로 하고 있다.

제1탄으로 중국 텐진시에 건설 중인 '텐진 에코시티' 안에 아파트용으로 HEMS기기와 에어컨을 일괄 납품한다. 텐진 에코시티는 20년 동안 35만 명이 거주할 도시를 건설하는 프로젝트인데, 내년 여름에는 1,000세대 규모의 아파트에 이를 납품할 예정이다. 그 밖에 중국 텐진시의 안건 등지에서도 수주 획득을 노리고 있다.

파나소닉은 올해 5월에 2009년 5,400억 엔이던 태양전지와 리튬이온전지 등의 '에너지 시스템 사업' 매출을 2018년도에는 3조 엔 이상으로 늘리겠다는 목표를 발표한 바 있다. 환경친화형 도시개발 관련 사업이 이에 포함된다.

또 파나소닉은 올해 4월에 전문 영업조직인 '에너지솔루션사업 추진본부'를 설치하고 파나소닉전공과 산요전기 제품도 일괄적으로 납품하는 체제를 취하고 있다.

2008년 3월, 베어 스턴스(Bear Stearns)의 파산으로 시작된 금융위기는 그때까지 전성기를 구가하던 헤지펀드의 꽁무니에 불을 붙였다. 결국 9월 15일의 리먼 사태에 이르자 미국의 대형 투자은행은 모조리 상업은행에 인수되어 폐업할 수밖에 없었다. 마찬가지로 미국 역대 재무장관을 배출해 온 세계 제일의 투자은행 골드만삭스조차도 자금 압박에 시달려야 했다(골드만삭스는 도산 직전의 산요전기의 대주주로 어떻게 해서든 이 과거의 명문 기업을 한시라도 빨리 처분, 현금화하는 데 사력을 다하고 있었다).

유감스럽게도 동종업계에도 산요전기 인수의 여력이 남아 있지 않았다. 파나소닉밖에 인수할 곳이 없다는 사실은 누가 보더라도 분명했다. 하지만 산요전기는 고노스케의 처남이 창업한 회사였다. 가까우면서도 먼 관계인 파나소닉과 산요전기가 M&A의 협상 테이블에 앉을 것인지에 대해서는 세간의 주목을 끌기에 충분했다. 아마도 여기에는 두 회사 모두가 창업시절부터 인연을 맺어 온 대주주 미쓰이스미토모 홀딩스의 설득이 주효하지 않았을까 여겨진다.

사실 사업을 재편하고 정리정돈 중인 파나소닉에게 산요전기 인수는 별 이득이 없었디. 무엇보다 중복되는 사업이 지나치게 많았다. 파나소닉에 유일하게 없던 사업은 환경사업-태양전지, 축전지 등의 에너지시스템이었다. '10년 후, 세계 최고의 전기업체로 올라서겠다(오쓰보 후미오 사장)'고 목표를 세우고 있던 파나소닉에게는 망설일 수밖에 없는 상황이었다.

그런 복잡한 상황을 뒤로 하고 2008년 말, 파나소닉은 주당 131엔에 산요전기를 인수하기로 결단을 내리고 우호적 TOB를 실시한다. 이 결과, 산요전기는 2011년 3월 말에 상장이 폐지되었으며 4월 1일자로 파나소닉의 자회사로 편입되었다.

파나소닉은 파나소닉전공, 산요전기를 통합한 뒤 '컨슈머', '디바이스', '솔루션'이라는 삼대 사업 분야를 축으로 하여 드디어 '올 파나소닉'을 가동한다.

고노스케 시절, 파나소닉은 사업부별로 시장을 개척했으나 고노스케 이후 디지털 시대, 글로벌 시대에 대응하기 위해 새로이 재편되었다. 시대의 흐름에 따라 사업부제를 보다 기동성 있는 조직으로 업그레이드한 것이다.

〈 16개의 사업 부문을 9개로 집약하다 〉

파나소닉(22만 명) 디지털가전, 백색가전, 보안기기 등 14개 부문	파나소닉전공(6만 명)	산요전기(10만 명)

신新파나소닉(38만 명, 2012년 1월~)

디지털가전	냉열·백색가전	보안기기	환경에너지	헬스케어	산업기기	카일렉트로닉스	전자부품	전지

고노스케를 고민에 빠뜨린 대문제 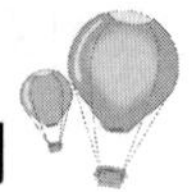

"경영자에게 가장 중요한 것은 뭐라고 생각하세요?"

한 컨설턴트가 고노스케에게 이런 질문을 한 적이 있다. 고노스케는 가방끈은 짧으나 들은 풍월이 많고 지혜가 뛰어난 똑똑한 사람이었다.

이런 고노스케는 질문을 던지면 바로 대답했다. 머릿속이 마치 책장처럼 정리되어 있어 '그것은 세 가지 있다', '그것은 두 가지로 볼 수 있다' 라고 거침없이 찾아내는 것 같았다. 언제나 주제별로 모범답안을 늘 준비하고 있는 것처럼 보였다.

그런데 어찌된 일인지 이 질문에 대해서만은 "음~"이라는 외마디 소리를 흘린 채 몇 분간 생각에 잠기는 것이다. 그러더니 천천히 입을 열고 이렇게 말했다.

"꼭 하나이어야 하나? 두 개는 안 되나?"

몇 개여도 상관 없었다고 확인해 주자 고노스케는 이렇게 말하기 시작했다.

"인간관을 확립하는 것. 우주의 이치를 깨닫는 것."

설마 이런 선문답이 돌아올 것이라고는 상상조차 못했을 것이다. 이를테면 인재육성이라든가 기술개발, 또는 자금 확보 등의 대답을 예상했을 터이다. '나보다 우수한 인재를 육성하는 것', '사람들의 지혜를 모으는 것', '자주책임경영을 하는 것' 이라는 말을 종종 언급했던 만큼 비슷한 답변이 나올 것이라고 가벼운 마음으로 물었을 것이다. 그런데 인간관과 우주관의 확립이라는 대답이 돌아왔다.

1972년, 고노스케는 『인간을 생각한다−새로운 인간관의 제창, 진정한 인간도를 추구하며』라는 제목의 저서를 발표한다. 고노스케 자신의 삶의 방식, 철학의 정수가 녹아 있는 책이다. 이 책에서 그는 이렇게 말한다.

"우주에 존재하는 모든 것은 끊임없이 생성되며 발전한다. 만물은 날마다 새로워지며 이것은 자연의 이치다. 인간에게는 우주의 움직임에 순응하면서 만물을 지배하는 힘을 본능적으로 가지고 있다. 인간은 끊임없이 생성 발전하는 우주에 군림하고, 우주에 숨어 있는 위대한 힘을 개발해 나간다. 인간은 만물에 주어진 각각의 본질을 발견하고 활용함으로써 물심일여物心一如(사물과 마음이 하나의 근본으로 통합됨)의 진정한 번영을 창출할 수 있다. 이러한 인간의 특성은 자연의 이치로 인간에게 주어진 천명이다. 이 천명이 주어졌기에 인간은 만물의 왕이 되며 그 지배자가 된다."

인간은 실로 숭고하면서 위대한 존재라는 뜻이다. 물론 이는 인간에 대한 총론일 뿐이다. 각론, 즉 개별 인간을 살펴보면 꼭 그렇지만도 않다. 번영을 추구하면서도 빈곤에 허덕이며, 평화를 바라면서도 전쟁에 정신이 팔려 있으며, 행복을 원하면서도 불행에 빠지고, 성공을 바라나 실패에 절망한다. 이 얼마나 구원할 길 없는 생명체인가!

왜 인간은 원하는 것을 모두 손에 넣을 수 없는 것일까? 그 이유는 개별 인간 자체가 진정한 자아 차원에서 손에 넣기를 갈망하지 않기 때문이 아닐까? 천명을 깨우치지 못하고, 숙명과 운명을 받아들이지 않고, 이에 따른 사명을 수행하려 하지 않기 때문이다.

고노스케는 인간을 다이아몬드 원석이라고 여긴다. 아무리 다이아몬드 원석이라도 연마하지 않으면 반짝이지 않는다. 예를 들어 전쟁과 전쟁 직후의 혼란기에 만물의 왕이라고도 일컬어지는 인간이 한 조각의 빵 때문에 악다구니하는 모습을 고노스케는 자주 목격했다. 이것이 다이아몬드 원석의 정체인가 하고 차마 그 광경을 마음 편히 볼 수 없었다. 더욱이 이것은 인간 스스로가 자처한 일이다. 다시 말해, 이 모든 이유가 자기 자신을 갈고닦지 않아 일어난 일이다. 그러니까 인간이 진정한 자아 차원에서 자기 사명을 깨닫는다면 세상은 훨씬 좋아질 것이다. 이렇게 생각한 고노스케는 자아의 사명을 통해 평화와 행복을 온 세상에 퍼뜨리기 위한 운동(PHP운동)을 즉시 개시한다. 왜 산업인인 고노스케가 PHP운동에 투신하게 된 것인지 미루어 짐작이 간다.

일본 최악의 체납왕에서 납세왕이 되다

1945년 8월 15일, 무조건 항복에 의해 일본은 종전을 맞이한다.

일억 명의 국민이 허탈감에 휩싸였던 것과 마찬가지로 고노스케의 머릿속도 분명 일순 백지상태로 바뀌었을 것이다. 하지만 고노스케는 이런 상황을 전환하는 데 달인이었다. 경영자가 동요하면 종업원도 불안해 할 것이다. 전쟁으로 일본은 모든 것을 잃었으나 국민은 남아 있다. 파나소닉도 마찬가지다. 당시 종업원 수는 3만 명, 공장은 60군데. 폐허 속에서 다시 일어서는 수밖에 없다. 허무함에 빠져 있다고 달라질 게 없다. 다시 한 번 산업인의 본분을 충실히 지키자.

종전 다음 날, 고노스케는 곧바로 경영간부를 모아놓고 조국의 부흥을 위해 힘을 모으자고 열변을 토했다. 그러나 사태는 그리 녹록하지 않았다. 우선 맥아더가 이끄는 GHQ(연합군 총사령부)가 파나소닉을 군수회사라고 지정해 버려 사업활동이 제한되었다. 당시 일본에서 제조회사를 경영하던 사람이 나라를 위해 협력하는 것은 당연한 일이었다. 파나소닉도 해군이 통사정을 하는 탓에 무전기를 제조하고, 목제 프로펠러 연습기를 3대 생산했다. 목조선을 만든 후 패전을 맞이했다. 하지만 이로 인해 자재는 동결되고 '제한회사制限會社'로 지정(1950년에 해제)되어 일체의 경제활동이 제한되고 말았다.

회사로선 그야말로 비상사태였다. 허용된 범위 내에서만 생산하니 손을 놓고 있는 종업원이 많아졌다. 매출이 적으니 급료도 주지 못했다(실제로 고노스케는 연말상여를 지급하기 어렵다고 종업원들에게 솔직하게 털어놓았다).

게다가 고노스케 개인은 '재벌집안'으로 지정(1949년에 해제)되었다. 분명 조직표만 놓고 본다면 재벌과 같은 형태를 띠고 있었으나 실상은 고노스케 스스로 자기 대에서 일군 기업이었다. 미쓰이, 스미토모와는 성격이 달랐다. 하지만 GHQ의 목적은 무조건 일본의 경제력과 군사력이 두 번 다시 일어설 수 없도록 싹을 자르는 데 있었다. 권력을 이용해 자신들의 뜻을 관철할 작정이었다. 실제 고노스케 외 13명은 재벌지정을 순순히 인정하고 무조건 추방을 받아들였다.

고노스케의 전 재산은 동결되고 말았다. 종전 직전, 고노스케의 개인 자산은 2,000만 엔에 달했다(우동 한 그릇이 2전이던 시절이다). 종전 후 정부가 재산세를 징수하기 위해 조사했을 때 고노스케의 재산은 마이너스 700만 엔밖에 되지 않았다.

왜 이런 결과가 나온 것일까? 해답은 간단하다. 주문처인 군부가 해체되자 생산한 물품의 대금을 땡전 한 푼도 받지 못했기 때문이다. 반면 선박과 비행기 등에 사용한 자재비는 전부 고노스케 개인이 은행대출을 받아 구입하였으니 빚만 남은 것이었다.

재벌로 지정되자 날마다 정해진 금액 내에서 생활하라는 GHQ의 명령이 내려졌다. 가사도우미의 월급마저도 GHQ에 신고하여 허가를 받지 않고는 마음대로 지불할 수 없었다. 냉장고에 무 한 토막밖에 없다고 종업원이 기가 막혀 할 정도였다. 고노스케는 고통스러운 굶주림에 지친 나머지 산토리의 도리이 신지로 등의 친구에게 생활비를 융통할 수밖에 없었다.

"자재 동결과 제한회사 지정은 어쩔 수 없더라도 재벌 지정만은 절대로 인정할 수 없다. 한 쪽의 데이터만 갖고 재벌이라는 낙인을 찍다니 결코 승복할 수 없다. 재조사해 달라. 그 때까지 나는 회사를 그만두지 않겠다."

패전국 국민이라고 해서 어떤 처사든 일방적으로 강압할 수는 없다. 고노스케는 옳은 것은 옳고, 잘못된 것은 잘못되었다고 당당하게 이치를 따졌다. 고노스케는 53차례, 측근인 다카하시 아라타로는 무려 100차례 이상 오사카에서 야간열차를 타고 GHQ를 찾아가 재벌 지정 해제를 호소했다. 이 열정 가득한 집념에 GHQ도 마음이 흔들리기 시작했다. 꼬박 4년이 걸렸지만 이윽고 재벌 지정이 해제되었다. 이 역시 보기 드문 경우였다.

고노스케가 재벌 지정 해제 운동을 벌이고 있던 탓에 파나소닉의 경영은 진퇴양난에 빠져 있었다. 인플레이션으로 자재가격이 계속해서 고공행진을 벌이고 있었다. 그러나 GHQ 상대로 정론을 관철하려니 그들에게 꼬투리를 잡힐 만한 행위는 오기로라도 할 수 없었다. 고노스케뿐만 아니라 파나소닉도 철저하게 오기 하나로 버텼다. 암시장에서는 전구 1개를 100엔에 팔 수 있었는데도 공정가격인 4엔 25전으로 거래했다. 고노스케도 힘들었지만 파나소닉 역시도 엄혹한 상황에 있었다. 1949년에는 파나소닉의 물품세 체납이 신문에 대대적으로 보도되었다. 신문 1면에는 고노스케의 사진과 더불어 '체납왕'이라는 타이틀이 걸렸다. 그 정도로 궁지에 몰려 있었던 것이다.

노동조합이 동정할 정도로 위기였다 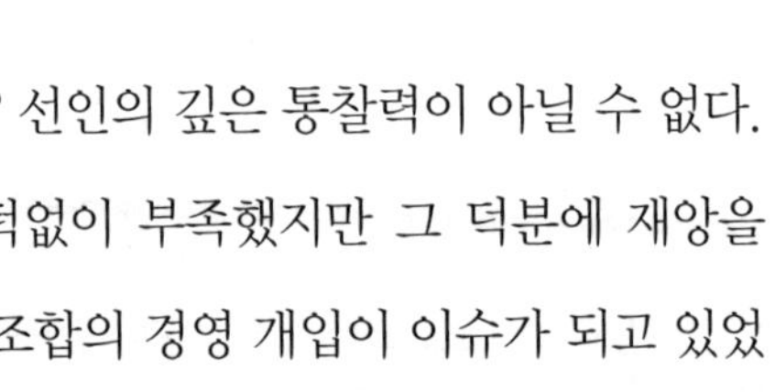

인간 만사 새옹지마라 했던가? 선인의 깊은 통찰력이 아닐 수 없다. 고노스케도 파나소닉도 자산이 턱없이 부족했지만 그 덕분에 재앙을 피해갈 수 있었다. 당시에는 노동조합의 경영 개입이 이슈가 되고 있었다. 하지만 파나소닉의 경우, 노조가 경영에 개입하기는커녕 '마쓰시타 창업자를 경영에 복귀시켜라!' 라고 서명운동까지 전개했다. '우리 회사의 사장을 퇴진시켜라!' 라고 하는 서명운동은 많았지만 그 반대인 경우는 아마도 파나소닉뿐이었을 것이다. 당시의 호시지마 지로 상공대신은 파나소닉 노조의 이 같은 일에 감동을 받아 "여전히 일본 정신은 건재하다"고 이례적인 코멘트까지 발표했다.

결국 고노스케는 1950년에 당당히 사장에 복귀할 수 있었다. 고노스케가 복귀한 후 다른 회사 노조로 눈을 돌려보니, 종업원의 노동환경 개선이나 경영의 근대화와 같은 노동조합 본래의 사명을 호소하는 노조만 있는 게 아니었다. 그 가운데에는 회사를 도산시키고 경영권을 장악하려고 획책하는 노조도 적지 않았다.

그것도 당연했다. 노동운동의 기초도 모르는 조합원들이 대부분이었기 때문이다. 이데올로기를 최우선시하는 강성 노조에게 야금야금 갉아먹혀 경영의 근간이 흔들리는 회사까지 등장했다. 게다가 노조의 표적이 되는 회사는 대체로 빚 때문에 옴짝달싹 못하는 회사가 아니라 자산 면에서 여유가 있는 회사였다.

다행히도 파나소닉에는 그런 여유가 없었다. 노조도 창업자가 복귀하지 않고서는 회사가 제대로 돌아가지 않을 것이라는 사실을 누구보다 잘 알고 있었다. 그렇기에 자신의 일처럼 고노스케의 복귀서명운동에 똘똘 뭉쳤던 것이다.

흥미롭게도 고노스케는 파나소닉의 노동조합결성대회에 태연자약하게 모습을 드러냈다. 1946년 1월의 일이었다. 이런 행동에 당시의 조합간부는 놀람을 금치 못했다. 참석한 고노스케는 예정에 없던 일방적인 축사까지 했다. 하지만 이 모습이 자못 고노스케다웠다고 훗날 조합간부는 몹시 감격했다고 한다.

도대체 고노스케는 무슨 마음으로 그곳에 찾아간 것일까? 그때는 노조가 아직 사장복귀서명운동을 벌이기 전이었다. 그 후라면 답례 인사 차라는 명분이 있었겠지만 당시의 그는 초대 받지 못한 불청객이었다.

아무리 창업자라고 해도 갑작스럽게 인사말을 하겠다니, 당시에는 상상조차 못했던 일이다. 요즘에야 경영자는 노동자와 평등하다는 인식이 있었지만, 그 시절에는 경영자는 노동조합원의 적이라고 일방적으로 매도 당했기 때문이다. 노동조합결성대회에 경영자가 참석한 일은 파나소닉 말고는 그 어디에도 없었다.

그럼에도 불구하고 고노스케는 위풍당당하게 입장했다. 그리고 "인사말을 하고 싶다"고 호소하였다. 마침 조합간부 중에서 고노스케의 사람됨에 심취해 있는 자가 있었다. 그는 동료 조합간부와 선 채로 협상을 시작했다. 어떻게 해서든 고노스케에게 이야기할 기회를 주고 싶었다. 인사말에 대해 사전 협의를 하고, 협의한 대로 움직여 달라고 고노스케에게 다시 한 번 확인했다.

"지금 사주가 와 있습니다! 이야기를 하고 싶다고 합니다! 모두 어떻게 생각하시나요?"

"돌아가라! 물러나라!" 하는 야유도 날아왔지만 고노스케도 그 정도는 이미 각오한 일이었다. 목소리가 가장 큰 간부가 "들어보자! 사주의 말인데 들어보기나 하자!"고 외치자 "그래, 들어 보자!"라는 조합원의 목소리들이 회의장에 울려 퍼지고 야유가 멈췄다. 협의한 대로 고노스케는 단상의 가운데 있는 연단에 우뚝 섰다. 조합원들은 일순 숨을 멈췄다.

그러자 고노스케는 먼저 회의장에 걸려 있는 깃발을 쭉 둘러보며 일일이 글귀를 읽은 다음 천천히 입을 열었다.

"여기에 걸려 있는 깃발은 구구절절 옳은 말뿐이네요."

이를 듣고 "와~"하는 함성이 터져 나왔다. 도대체 깃발에는 어떤 글귀들이 쓰여 있었던 것일까? '고노스케는 마쓰시타에서 물러나라!', '초지관철初志貫徹(처음 정한 뜻을 밀고 나아가 목적을 이룸)!' 등 도저히 창업자가 눈 뜨고 볼 수 없는 것들이었다.

"회사와 조합이란 입장의 차이가 나지만 회사 발전과 생활의 향상이라는 목적은 같습니다. 같은 목적을 향해 서로 협력해야 합니다. 조합 결성은 우리 회사의 민주경영에 박차를 가하리라 생각합니다. 이를 계기로 회사와 조합 모두가 똘똘 뭉쳐 진리에 입각한 경영을 해나가고 싶습니다. 바른 경영과 바른 조합은 반드시 일치한다고 확신합니다."

조합원들에게서 박수갈채가 쏟아졌다. 그 중에는 감격에 겨워 눈물을 흘리는 조합원도 있었다고 한다. 고노스케에게 인사말을 시킨 조합 간부도 눈물을 훔쳤다. 내빈으로 초대된 가토 간주(일본사회당 중의원

·아시다내각의 노동대신)는 훗날 다음과 같은 소감을 밝혔다.

"지금까지 노동조합결성대회에 숱하게 참석해 봤지만 사장이 참석하는
일은 전대미문이었어. 사장대리인 간부가 나와도 뭇매를 맞는 꼴이었
는데, 하물며 사장이 참석해서 모든 조합원들에게 박수갈채를 받다니
대단해."

회사를 망치는 것은 노동조합이 아니라 경영자다 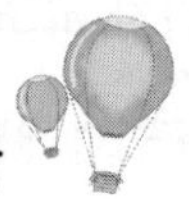

필자는 일본노동조합총연합회의 야마기시 아키라 초대회장과 만났
을 때 노동운동을 하면서 가장 영향을 받은 사람이 누구냐고 물은 적이
있다. 그러자 그는 1초의 망설임도 없이 대답하였다.

"그건 마쓰시타 고노스케 씨죠."

특별히 내가 고노스케와 인연이 있는 회사 출신임을 염두에 두고 그
런 말을 한 게 아니었다.

"마쓰시타 고노스케 씨에게 노사의 이상적인 관계는 어떤 모습이냐고
물은 적이 있어요. 그러자 대립과 조합이라고 말씀해 주셨습니다. 그때
의 말은 오늘날까지 나에게 가르침이 되고 있죠."

대립과 조화? '인류의 진보와 조화(오사카만국박람회의 슬로건)' 라
면 들은 적이 있으나 이것은 도대체 무슨 뜻일까?

"마쓰시타 씨가 한 말은 자본가는 자본가의 입장에서 의견을 말하고

노동자는 노동자의 입장에서 의견을 말해야 한다는 것이다. 서로 상대방을 지나치게 배려해서 논의도 하지 않은 채 무턱대고 타협부터 해선 안 된다. 이대로는 언제까지나 평행선을 그릴 뿐이다. 대립, 물론 좋다. 철저하게 논의한다면 문제될 게 없다. 아니, 꼭 필요하다. 협상을 결렬시킬 작정이라면 어쩔 수 없지만 어딘가에서 일치점을 찾을 작정이라면 서로 양보해야 한다. 이것이 조화다. 이 대립과 조화가 있을 때 비로소 경영도 좋아지고 종업원의 일하는 조건이나 환경도 개선된다는 뜻일 것이다.”

야마기시의 대답을 들으면 고노스케의 인간관을 뚜렷하게 이해할 수 있었다. 대립은 솔직한 논의를 위해 필요한 것이고, 조화 또한 원원의 성과를 올리기 위해 필요한 것이다. 은혜를 베풀거나 받았다는 관계로는 오래 가지 못한다.

그럼 대립과 조화가 성립하기 위해 필요한 조건은 무엇일까? 그것은 물론 신뢰다. 신뢰관계가 뒷받침된 대립과 조화가 아니고선 경영자 측도 노동자 측도 생성·발전할 수가 없다. 과거 고노스케는 회사와 노동조합의 관계에 대해 다음과 같이 말한 적이 있다.

“바른 조합이 있다면 필시 회사는 발전합니다. 회사와 조합 간의 대화의 장에서 조합이 요구하는 사안은 즉시 들어야 합니다. 하지만 ‘이것만은 양보 못한다’, ‘이런 이유 때문에 안 된다’며 회사가 조합을 납득시킬 기회도 있어야 하죠. 경영자의 성의라든가 타당성이 없다면 어떤

조합도 반대하겠죠. 하지만 경영자에게, 그리고 회사의 주장에 성의가 있다면 조합은 80%는 들어줍니다. 이건 저의 솔직한 소감입니다."

제한회사와 재벌 지정에서 해방되다 

1950년에 들어서자 제한회사와 재벌 지정을 비롯한 여러 제한이 해제되어 고노스케는 본격적으로 사업에 복귀한다.

장장 5년간의 공백, 길고도 고통스러운 나날이었다. 고노스케는 술을 즐기지 않는 성격이었으나 이때만은 술독에 빠져 살았다고 한다.

이렇게 고노스케가 사업에 복귀할 수 있었던 것은 GHQ에 대한 고노스케의 끈질긴 설득, 측근인 다카하시 아라타로의 동분서주, 그에 더해 노동조합을 비롯한 종업원 일동의 공직추방제외탄원운동 등이 효과를 발휘했음은 두말할 나위도 없다.

하지만 또 하나, 일본을 둘러싼 세계정세의 변화가 적지 않은 영향을 미친 것도 사실이다. 다시 말해, 미국정부의 정책이 전환된 것이다.

미국은 전쟁 중 이미 전후 대일정책을 결정하여 무장해제와 경제력 탈취를 실행하려 했다. 이 두 가지만 철저하게 실시한다면 일본은 두 번 다시 대미전쟁 따위는 일으킬 리 없으며, 아시아에도 야심을 품지 않을 것이라 생각했다.

그런데 사태가 급변했다. 소련, 중국, 북한이라는 큰 장애물이 버티고 있었던 것이다. 딘 애치슨 미국무장관의 실언, 다시 말해 '한반도는 미국방위선의 밖이다' 라는 그의 발언은 북한에 잘못된 메시지를 보내고 말았다. 한반도 위기가 극도로 고조되자 미국은 일본을 정치적, 경제적, 군사적으로 봉쇄하는 정책에서 반소련, 반중, 반공의 보루로 활용하는 쪽으로 선회하게 된 것이다.

이 대일정책 전환이 고노스케와 파나소닉의 운명에 크나큰 영향을 미쳐 재벌적 회사계열이 부활하고 파나소닉도 고노스케도 모든 제한에서 해방되기에 이른다.

애석하게도 5년의 공백 동안 다수의 경영간부들이 고노스케의 곁을 떠났다. 그 필두는 측근 중의 측근인 이우에 도시오였다. 고노스케의 아내 무메노의 남동생으로 창업 이래 14살 때부터 고노스케를 지지해준 창업공신이었다. 사업에 좀처럼 복귀하지 못하는 동안 고노스케가 오사카 우메다역 앞에서 PHP활동의 일환으로 거리설교를 하고 전단지와 소책자를 배부하였다. 이를 본 도시오는 "기업가 정신으로 넘치던 형님은 도대체 어디로 간 것이냐"며 심히 한탄했던 것이다.

이런 도시오는 고노스케의 추방해제를 기다리지 않고 직접 회사를 설립한다. 그 회사가 바로 산요전기다. 〈산요三洋〉라는 회사명에는 '태평양, 인도양, 대서양을 누비고 다니는 전기업체가 되자' 는 장대한 뜻이 담겨져 있다. 따로 회사를 차린 도시오였지만 고노스케의 사업 복귀를 가장 기뻐한 사람 중 하나였다.

고노스케의 복귀와 때를 같이하여 한반도 사변이 현실화된다. 6월에 들어서자 북한이 38선을 넘어 서울로 진군하기 시작한 것이다.

도요타자동차를 덮친 도산 위기

세계적인 경기 회복의 물결이 밀려왔다. 세계대전이라는 엄청난 규모의 파괴 행위가 끝나자 아이러니하게도 건설의 세상이 찾아왔다. 종전 직후에 혼란에 빠졌던 일본 경제도 이 경기 회복의 물결에 편승하고자 했으나 한 발 앞서 '도지라인(미국의 은행가 J.도지가 1949년에 내건 일련의 일본 경제 재건책)' 이라는 초긴축정책으로 인해 단숨에 냉각되고 말았다.

1949년, 물자부족에 시달리던 일본에 맹렬한 기세의 인플레이션이 덮쳤다. 정부는 인플레이션 퇴치에 안간힘을 썼으나 모처럼 회복되고 있는 경기를 고려해 적극적인 정책을 내놓지 못했다. 하지만 점령군의 경제고문인 미국의 은행가 도지가 이러한 정부의 대응이 안일하다고 격노하며 초긴축재정을 강요했던 것이다.

설비투자를 계획 중인 회사는 대출이 끊기면서 공사를 중단할 수밖에 없었다. 시중에 유통되는 자금이 급감하면서 금리는 상승하고 반대로 물가는 하락했다. 그 결과 인플레이션은 진정되었지만 불황에 빠지면 소비가 위축되니 당연히 제조업체나 유통업체의 재고가 대대적으로 늘게 된다. 이에 따라 매출과 이익은 격감할 수밖에 없고 매일매일의 자금 조달에도 어려움을 겪게 된다. 전형적인 악순환이었다.

그 결과, 대규모 정리해고가 현실화되는 것도 이상한 일이 아니었다. 당시로서는 극히 자연스러운 흐름이었다.

파나소닉은 2차 세계대전 이전처럼 종업원을 해고하는 지경에까지 몰리지는 않았으나 그 유명한 도요타자동차에서 전무후무한 파업이 발생하였다. '도지라인' 탓에 트럭 수주가 전부 취소되고 재고가 산더미처럼 쌓였던 것이다.

지금이야 자동차 생산대수 세계 1위를 자랑하는 도요타지만 애초에 이 사업은 도요타그룹에서도 짐짝 취급을 당했었다.

도요타그룹의 창업자인 도요타 사키치의 아들 키이치로는 일찌감치 유럽과 미국의 자동차 문화를 보고 일본에서 자동차 생산을 시작했다. 물론 하나부터 열까지 자력으로 생산했기에 수많은 역경이 있었다. 시제품을 개발했지만 제품화, 양산화까지는 요원했고 그 사이 도요타자동직기와 도요타방직 등의 이익을 야금야금 갉아먹고 있었던 것이다. 은행에서도 추가 대출을 거부당하는 형국이었다. 이 지경에 이르지 도요타는 종업원을 해고할 수밖에 없었다. 회사는 노동조합에게 몇 번이나 종업원 해고에 대한 협상을 요청했으나 수용 불가라는 답이 돌아왔다. 아닌 게 아니라 전 종업원의 25%에 해당하는 1,500명의 정리해고를 어떻게 수용하겠는가! 그렇다고 해서 혹여 협상이 결렬되었다간 도산은 당연한 수순이었다. 조합 쪽도 고통스러운 선택에 직면해 있었다.

결국, 키이치로를 포함한 경영진 총퇴진이라는 조건 아래 노동조합 측과 타협했다. 양측 모두 고통스러웠고 모두 눈물을 삼켜야 했다. 스탠더드앤푸어스(미국의 신용평가회사)가 평가하는 신용등급 트리플 A에 빛나는 초우량기업에게도 은행이 대출금을 회수할 정도로 투자부적격이라는 낙인이 찍혔던 시절도 있었다.

당시 화약을 지고 불로 뛰어든 사람은 장로인 이시다 다이조였다. 그는 그룹에서도 자동차 사업 철수를 역설하던 강경파였다. 하필이면 그런 인물이 사세가 기울던 도요타 재건을 일임 받은 것이다. 이시다는 굳게 결심한다.

'좋아, 목숨을 걸고 재건해 보는 거야. 적자를 불식하고 경영을 궤도에 올려서 다시 한 번 키이치로에게 사장을 맡기자. 대정봉환(1867년 일본 에도막부가 천황에게 통치권을 돌려준 사건)의 그날까지 힘내는 거야.'

도요타는 '마른 수건도 다시 쥐어짠다' 라고 묘사될 정도로 철저한 비용 절감으로 유명하나 이 말이 실은 이시다의 입버릇이었음을 아는 사람은 그리 많지 않을 것이다.

도산 위기가 현실로 다가오고 있을 때 대출금을 회수하는 금융기관의 비정함은 무서울 정도다. 당해본 사람은 절대로 잊지 못한다. "자네들, 잘 듣게. 누구도 도와주지 않아. 자신의 성은 자신이 지키는 거야"

라고 이시다는 종업원을 독려했다.

이시다와 고노스케는 아주 친한 사이였다. 고노스케는 "존경하는 사람은?"이라는 물음에 "물론 이사다야"라고 1초의 망설임도 없이 대답했다. 경영에 대해 상의하는 것은 물론, 마땅히 비밀이어야 할 숫자까지 숨김없이 말하는 탓에 측근이 조마조마했을 정도였다. 서로 속마음까지 털어놓는 사이란 바로 이 두 사람을 가리키는 말일 것이다.

그런데 신기하게도 이시다가 도요타자동차의 사장에 취임한 지 3주 후, 일본 경제의 풍경이 돌연 바뀐다. 갑자기 한국전쟁이 발발하여 전쟁 특수를 누리게 된 것이다. 고작 9개월 사이에 4,679대의 트럭을 제조했고, 그 전량을 미군이 사들였다. 한국전쟁에 참전한 미군이 도요타의 트럭뿐 아니라 갖가지 군수품을 사들인 덕에 일본 경제는 순식간에 회복되었다. 파나소닉은 민간 제품 생산으로 재건에 힘쓰고 있었지만 이 특수가 국민경제에 미친 이점은 상상을 초월할 정도로 어마어마했다. 파나소닉만 해도 6개월 사이에 경영수지를 큰 폭으로 개선했을 정도였다.

'조금만 더 키이치로에게 사장을 맡길 걸. 운이 따르지 않았어.'

도요타가 경영재건의 궤도에 오르자 1952년 2월, 이시다는 이윽고 대정봉환을 결정한다. 키이치로의 사장 복귀가 내정되었다. 그러나 키이치로는 복귀의 계획을 다 그리기도 전에 쓰러져 그대로 의식을 회복하지 못했다. 이시다 다이조에게는 원통하고도 분한 일생의 한이었다.

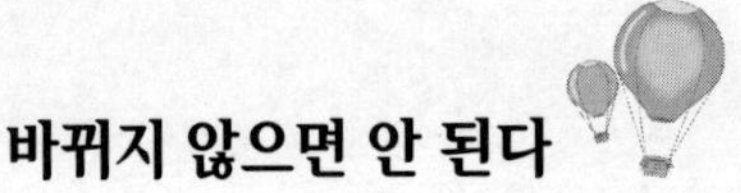

바뀌지 않으면 안 된다

이듬해 정월, 정례 경영방침발표회에서 고노스케는 "우리회사는 오늘부터 다시 개업한다"고 선언하면서 미국 시찰여행 계획을 발표한다. 그로부터 2주 후에 그는 미국행 비행기를 탄다.

고노스케에게는 첫 해외여행이었다. 간부들의 배웅을 받으며 부부는 미국으로 출발한다. 이때 그의 나이 56세였다.

1월 25일, 뉴욕에 도착하였다. 듣는 것, 보이는 것 모두가 고노스케에게는 놀라움의 연속이었다. 원체 호기심이 많은 사람이었으니 더욱 그러했을 것이다. 아이가 엄마에게 끊임없이 질문 공격을 하듯이 고노스케는 만족할 때까지 묻고 또 물었을 것이다.

하와이, 로스앤젤레스 그리고 뉴욕…… 오가는 차량들을 보고, 고속도로를 달리고, 백화점에 가고, 여성들의 패션을 보고, 마천루를 올려다 보면서 고노스케는 무엇을 느끼고 생각했을까? 아마도 '파나소닉의 10년 후 모습'이었을 것이다.

당시 미국 여성 공장직원들의 월급은 230달러로 당시 환율로 계산하면 8만 엔 정도였다. 하지만 이 금액은 일본에서는 사장급 월급이었다. 지금으로 치자면 미국의 대졸초임 연봉이 일본의 사장 연봉과 같은 셈이다.

그들과 자신의 차이를 생각하니 고노스케는 정신이 아득해졌다. 이러한 나라와 전쟁을 벌였다니, 감개가 무량할 정도였다. 국민의 수입이 늘면 반드시 파나소닉의 전기제품도 팔릴 것이다. 지속적인 생산으로 일본을 윤택하게 만들고 국민생활을 풍족하게 만들어야 일본 재건의 길이 보인다고 마음속으로 굳게 다짐했을 것이다.

첫 미국 시찰여행은 고노스케의 마음을 강하게 흔들어 놓았다. 사람들의 합리적이면서 소탈한 생각, 분업과 전문세분화로 효율성을 추구하는 공장경영, 일반 시민들의 풍족한 생활, 무엇보다 스케일과 속도의 차이가 그의 마음을 사로잡았다.

다음과 같은 일화도 전해진다. 어느 날 한 대의 공작기계에 흥미가 생겼다. 꼭 그 업체 경영자와 얘기를 나누고 싶었지만 그 회사는 캐나다에 있었다. 뉴욕과 캐나다는 멀어도 너무 멀었다. 방문한 곳의 담당자가 업체에 국제전화로 문의해 주었는데 그 대답을 들은 고노스케는 깜짝 놀라고 말았다.

"사장님과 대화를 나누고 싶은데요?"

"공교롭게도 출장 중입니다. 그런데 사업 이야기라면 현지에서 그쪽으로 방문하시라고 전하겠습니다."

놀랍게도 다음날 고노스케의 눈앞에 사장이 떡 하니 나타났다. 자가용비행기로 이동했다고 한다. 고노스케는 그와 악수를 나누면서 이 박력 넘치는 업무자세와 호탕한 스케일, 그리고 빠른 속도에 감명을 받았다.

미국으로 건너가기 전후의 비디오 영상을 보면 비행기에 탑승하기 전 모자를 흔들고 인사하던 고노스케의 머리는 5대 5의 가르마였으나, 3개월 지나 귀국한 후 그의 머리는 포마드로 단정하게 정리되어 있었다.

이 심경의 변화는 어디에 있을까? 미국 여행의 귀국길이어서 일부러 복장에 신경을 쓴 것일까? 추측해 보건대 경영간부와 종업원에게 보여주며 '변화' 라는 메시지를 전하기 위한 연출의 하나였다고 생각된다. '일본도 바뀌지 않으면 안 된다. 파나소닉도 바뀌지 않으면 안 된다' 라는 메시지가 담겨 있었던 게 아닐까?

이 회사야말로 우리들의 선생님이야! 

미국 시찰을 다녀오고 2년 후인 1952년 10월, 그가 세 번째 해외 시찰지로 결정한 곳은 네덜란드였다.

'미국을 따라잡기 위해선 이런 기술로는 안 돼. 선진기술을 도입하지 않으면 세계무대에서 승리할 수 없어. 그런데 개발하기에는 너무 시간이 오래 걸려. 선생님께 배우는 게 최선의 방법이야.'

첫 미국 시찰(1951년 1월) 때 고노스케는 RCA 외 세 곳의 회사를 시찰했다. 그리고 전기산업의 장밋빛 미래를 확신하였으며 아울러 진공관기술의 중요성도 알게 되었다.

'이대로라면 파나소닉은 세계시장에 진출할 수 없어.'

가뜩이나 급한 성격의 고노스케였으니 안절부절 못했을 것이다. 그래서 반년 후인 10월에, 또 다시 해외 시찰을 나가기로 결정하였다. 이번의 목적은 명확하면서 구체적이었다. 파나소닉의 진공관, 전구제조 기술을 비약적으로 발전시킬 기술제휴회사를 찾는 것이었다.

요컨대 최신기술을 전수받을 선생님을 찾기 위한 여행이었던 셈이다. 미국 기업으로는 부족했을까? 아니면 유럽 회사 쪽이 더 궁합이 잘 맞았던 걸까? 미국에 이어서 유럽을 돌았다.

고노스케는 미국의 제조업이 전형적인 대량생산 대량소비의 비즈니스모델이라고 생각했지만 이 비즈니스모델을 작은 일본 시장에 그대로 도입하기에는 무리가 있다고 판단했던 것이다. 일본 실정에 더 가까운 회사가 아니면 파나소닉의 선생님으로는 걸맞지 않다고 생각했다.

자신들보다 월등히 앞선 미국 기업을 보면 고스란히 모방하고 싶어지는 게 사람 마음이다. 사실, 훗날 필립스사와 제휴를 맺자마자 '필립스를 배워라. 철저하게 배워라' 라며 고노스케는 회사 간부들을 닦달했다. 파나소닉은 필립스를 최적의 스승으로 생각하고 회사 경영 면에서 어러가지를 따라하게 된다.

대부분의 경영자라면 최첨단공장에서 효율적인 자동화를 전개하는 미국제조업을 교본으로 삼았을 것이다. 그러나 고노스케는 어디까지나 일본시장에서 성공할 수 있는 비즈니스모델을 갖춘 회사와 제휴하겠노라는 신념을 굽히지 않았다. 그렇게 2차 세계대전 이전부터 거래관계

가 있던 필립스사(정식명칭은 필립스백열전구제조주식회사)와 제휴를
하게 된다.

필립스사는 1891년에 제랄드 필립스가 창업한 회사다. 종업원 20
명으로 전구 제조부터 출발했으나, 사업이 크게 확장돼 종업원 수가
본사공장만 3만 명에 달했으며 해외까지 합치면 총 9만 명에 이르렀
다. 제품군도 전구 등의 조명기구는 물론이거니와 라디오, 축음기, 전
기통신장치 등 4만 여 종에 달하는 유수의 종합전기제조업체로 성장
해 있었다.

필립스는 출신이나 성장과정 면에서 파나소닉과 매우 흡사했다. 고
노스케는 2차 세계대전 이전부터 이 회사에게 배울 점이 많다고 느꼈
고, 필립스사도 ‘제휴가 아닌 결혼’ 이라는 표현을 할 정도로 호의적이
었다. 서로 상생 발전을 추구할 만했다. 무엇보다 일본보다 작은 나라
의 기업이 이만큼 승승장구하여 성공을 거두었다는 것에 고노스케는
특히 더 관심이 갔다.

‘바로 이거야. 이 회사야말로 우리들의 선생님이야!’

전대미문의 협상력 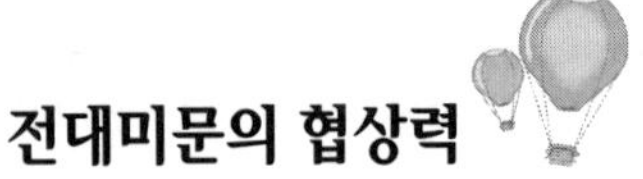

그런데 일단 협상에 들어가 보니 생각보다 녹록하지 않았다. 역시
까다로운 협상가로 유명한 네덜란드인이었다. 조건이 까다로웠고, 장

벽은 유례없이 높았다.

우선 양사가 새로 설립할 합작회사(당시 마쓰시타전자공업)에 대해 이니셜 페이먼트(초기계약금)로 55만 달러, 주식참가 30%, 로열티(기술지도료) 7%라는 안이 제기되었다. 고노스케는 앞의 두 가지는 수긍했으나 로열티 7%는 지나치게 비싸다고 주장했다. 만약 미국기업이라면 보통 매출의 3%가 로열티로 책정되었다. 하지만 상대방은 '미국 보다 높은 만큼 가치가 있다. 우수한 기술책임자를 파견하여 책임지고 지도하겠다' 라며 도무지 양보할 기색이 없었다. 자신만만했던 것이다.

당시의 일본이 패전국이었던 탓에 우습게 여긴 것일까? 측근인 다카하시 아라타로를 전권대사로 임명하고 끈질기게 협상을 했으나 필립스는 끝까지 로열티를 낮추지 않았다.

"이니셜 페이먼트와 주식참가는 인정하겠소. 하지만 기술원조료 7%는 납득이 가지 않소. 최신기술을 도입하는 것이니 물론 지불할 건 지불하겠소. 그러나 경영에 실패하면 당신에게도 이득이 없지 않습니까? 이 합작회사는 누가 경영합니까? 바로 우리 회사잖소. 그렇다면 경영에 성공할 수 있도록 경영지도료를 받아야 한다고 생각하는데 내 말이 틀렸소?"

이런 논리로 고노스케는 필립스사에 경영지도료를 요구한다. 물론 상대방은 이런 이야기를 들어본 적이 없다. 경영은 당연한 것인데 지도료를 요구하다니. 필립스 협상단 측은 벌어진 입을 다물지 못했다.

하지만 고노스케는 해박한 이론으로 무장하고 맹공에 나섰다.

"학교 성적이 교사가 잘 가르치냐 못 가르치냐에 따라 결정되기도 하지만 학생들의 편차도 작용한다. 제아무리 교사가 잘 가르쳐도 잘 이해하지 못하는 학생도 있고 손이 많이 가지 않는 학생도 있다. 필립스사의 주장은 교사가 잘 가르치니 7% 내라고 말하는 것과 똑같다. 하지만 이는 학생을 무시한 생각이다. 방식에 따라서는 10을 성공하는 학생이 있기도 하고, 아무리 애를 써도 5밖에 성공 못하는 학생이 있다. 나라면 20을 성공해 보일 수 있다. 자신있다."

필립스사의 기술도 상대에 따라 '돼지 목의 진주목걸이'로 전락할 우려가 있다는 의미다. 경영 방식에 따라 성과가 크게 달라지므로 그에 따른 경영지도료를 요구한다는 논리다.

비즈니스의 세계뿐만 아니라 정계, 외교계 등 어느 세계에서나 까다로운 협상가만큼 높은 평가를 받는 사람은 없다. 특히 유럽에서는 까다로운 협상가와 한판 벌인 다음 악수를 나누고 헤어진 후에는 전화가 걸려온다.

"혹시 우리 회사에서 일해보지 않겠는가?"

고노스케의 협상은 그 이상이었다. 언뜻 무모한 요구처럼 보이나 따지고 보면 논리정연했다. 일류 사업가 중에는 이 논리에 감탄하여 인정받는 사람이 적지 않았다. 실은 이 협상에서도 그러했다. 고노스케의 제안이 통한 것이다. 1년 여의 시간이 걸렸지만 드디어 협상에 도달할 수 있었다.

조건은 이니셜 페이먼트를 지불하고 필립스사의 기술지도료는 4.5%, 파나소닉의 경영지도료는 3%로 할 것. 1952년 말에 합작회사 마쓰시타전자공업이 발족하기에 이른다(그 후 비율은 각각 3%, 2%로 개정되었고 1967년의 개정 때에는 양사 모두 2.5%로 바뀌었다).

어설픈 지식이 있으면 판단을 내리지 못한다 

필립스사와의 합작회사 설립은 고노스케에게나 파나소닉에게나 중대한 도박이었다. 어쨌거나 파나소닉은 필립스사의 기술을 도입한 덕분에 최신 진공관과 유리, 형광등 같은 제품을 생산하게 되었다. 라디오와 텔레비전의 성능에서도 높은 평가를 확보한 파나소닉의 제품은 단숨에 세계 수준에 도달할 수 있었다.

하지만 이 합작기업이 중요했던 이유는 모회사보다 자본금이 많았다는 것이다. 무려 6억 6,000만 엔이었다(당시 파나소닉의 자본금은 5억 엔이었다). 더욱이 필립스사 측은 합작회사 성립의 출자금을 이 이니셜 페이먼트로 충당했다. 즉 파나소닉이 신회사 설립 자금 전액을 부담하고 있던 셈이었다. 필립스사는 기술을 제공하고 지도자를 파견하면 막대한 금액이 들어왔기에 '손 안 대고 코 푸는 격'으로 돈을 벌었다. 고노스케가 경영지도료라는 억지를 부리고 싶었던 심정도 충분히

1952년 10월, 필립스사와의 제휴 조인식(장소 : 네덜란드)

이해가 간다.

그럼에도 고노스케가 합작회사 설립을 결단한 이유는 'M&A는 시간을 버는 것'이라는 철칙을 따랐기 때문이다. 만약 파나소닉이 필립스사 수준의 기술, 연구설비, 연구스태프를 키우려면 이 금액으로는 턱없이 부족하고 무엇보다 시간이 부족하다. '일렉트로닉스 시대'가 바로 눈앞에 다가와 있기 때문이다. '일본의 파나소닉'으로 만족한다면 평범하게 이대로 걸어가면 된다. 반대로 '세계의 파나소닉'을 목표로 한다면 주저할 시간이 없었다.

"저는 세세한 것을 모르기 때문에 결정이 빠릅니다. 어설픈 지식을 갖고 있으면 이해가 될 때까지 충분히 조사한 다음 결정을 내리기 때문에 시간이 꽤나 걸립니다. 저는 몰라도 좋다고 생각하면 결정을 내리는 데 1분도 걸리지 않아요."

고노스케는 자신의 성격을 이렇게 분석하고 있으나 이번만큼은 조인 직전까지, '정말 이대로 해도 괜찮을까?' 하며 자문자답을 되풀이했다. 펜을 쥔 손이 후들후들 떨렸다. 마지막까지 갈피를 잡지 못하는 자신을 또 다른 고노스케가 꾸짖었다.

'여기까지 와서 망설이는 놈이 어디 있느냐!'

더 이상 돌아설 수 없는 막다른 골목에 이르렀지만 망설임은 가시지 않았다. 이런 망설임이 경영자로서의 미숙함일지도 모른다. 그러나 중대한 일을 앞두고 아무런 압박감도 느끼지 않고 결단할 수 있는 사람이 과연 몇 명이나 될까? "고민하면서 더듬더듬 전진하는 게 인간이다. 중요한 건 사심을 버리는 것이다"라고 고노스케는 결론을 내린다.

그런데 이러한 일련의 협상에서 고노스케가 필립스사를 방문한 것은 처음과 마지막 단 두 차례뿐이었다. 나머지는 다카하시에게 전적으로 일임했다. 왜 그랬을까?

"다카하시 씨는 주장할 건 분명히 주장합니다. 그러면서도 성품이 온화하고 허세가 없어서 상대방이 호감을 품죠. 그 점이 저한테는 없어요. 조금만 복잡해지면 귀찮아하며 손을 내저으며 그렇게 가자고 결론을 내요. 그래서 협상의 마지막은 나보다 다카하시 씨가 마무리를 짓는 편이 낫겠다고 생각했어요."

고노스케의 전폭적인 신뢰를 받는 다카하시도 대단하지만, 자신보다 훨씬 협상에 탁월하다며 일임해 버리는 고노스케도 참으로 대단한 배포다. 고노스케는 맡기겠다고 결심이 서면 과감하게 타인에게 전부 맡긴다. 게다가 다카하시라면 자신의 마음을 헤아려 줄 것이니 안심한 것이다.

그에 더해 고노스케는 협상에서 제일 중요한 것을 다카하시에게 맡겼다. 즉 '이쪽의 요구가 통하지 않으면 계약을 접어도 된다' 는 카드였다. 이는 협상에 있어서 결정적인 카드였고 이 카드가 있었기에 약점을 잡히지 않고 협상에 성공할 수 있었다. 정체가 모호한 경영지도료를 꺼냈을 때 필립스사는 협상 중단을 선언할 수도 있었다. 그럼에도 필립스사는 협상을 계속 이어갔다. 필립스사는 틀림없이 파나소닉의 실적과 평판, 실력을 온갖 기관을 통해 조사했을 것이고 그렇다면 반드시 제휴할 것이라는 고노스케의 판단이 들어 맞은 것이다.

어쩌면 필립스사는 처음부터 OK할 작정이었으나 고노스케와 파나소닉의 실력을 떠보고 있었는지도 모른다. 경영지도료 이야기를 꺼냈을 때부터 파트너로서 적합하다고 판단했을 것이다.

이에 대한 어떤 책에도 실리지 않은 후일담이 있다. 필립스사는 조인이 끝나자 이런 말을 꺼냈다고 한다.

"이니셜 페이먼트를 우선 송금해 주시오."

"아니, 왜요?"

이러한 요구에 고노스케는 이상한 생각이 들어 묻지 않을 수 없었다. 그도 그럴 것이 55만 달러(1억 9,800만 엔)는 그대로 합작회사의 자본금에 편입시키기로 되어 있었다(필립스사의 출자비율은 30%). 그래서 고노스케는 필립스사가 아닌 신생회사에 지불할 예정이었다. 그런데 필립스사가 우선 자사에 송금해 달라고 요구한 것이다. 그렇게되면 번거로움은 배가 되는데 필립스사는 무슨 일이 있어도 그렇게 해 달라고 요구해왔다.

"이유가 뭡니까?"

"그런 거액을 눈으로 보고 싶어서요."

이 답변을 듣고 보통은 폭소를 터뜨리거나 '역시 구두쇠로 유명한

네덜란드인답네' 라고 어이없어 할 것이다. 하지만 고노스케의 반응은
달랐다.

'역시, 경리는 그렇게 해야 해. 대단하다. 이런 탄탄한 회사들도 자신의
눈으로 직접 확인해야만 안심을 하는구나. 이러니 오늘날 이렇게까지
번창할 수 있는 거야.'

고노스케는 마음속 깊이 탄복했다.

배울 점은 탐욕스럽게 배워라 

"과연 그렇군, 이건 분명 좋은 점이야. 우리도 이것을 도입하자고."

고노스케가 필립스사로부터 배운 것은 비단 최첨단의 전자기술만
이 아니었다. 배울 점은 가리지 말고 뭐든지 배우자는 명제를 실천하듯
그는 탐욕스럽게 모든 것을 흡수했다.

'기술 이외의 것은 계약서가 필요 없어. 관심만 기울이면 얼마든지 내
것으로 할 수가 있다는 뜻이지.'

고노스케는 우선 '버짓 시스템(budget system; 예산제도)' 이라는
제조관리, 공정관리 노하우를 그대로 도입한다.

지금은 이 노하우를 도요타자동차도 활용하고 있다는데 도대체 어
떤 시스템일까?

이 경우 예산이란 꼭 돈만을 의미하지 않는다. '시간은 돈' 이라는

격언처럼 시간을 금전으로 환산하는 것이다. 네덜란드 기업답게 모든 작업을 '시간'이라는 잣대로 측정하는 것이다.

'이 작업(공정)은 이 정도 시간 내에 끝낼 수 있다', '이 작업은 30분 내에 완료해야 한다' 이런 식으로 하나하나의 작업을 처리하기 위한 기준(표준시간)을 설정한다. 물론 이 표준시간은 출발점에 지나지 않다. 어떤 작업이든 익숙해질 때까지는 시간이 소요된다(이를 노동숙련시간이라 부른다). 익숙해지면 점차 속도가 올라가고 작업이 손에 익어 빨리 처리할 수 있게 되면 이번에는 시간이 단축된다. 예를 들어 30분 내에 처리했다면 이번에는 25분으로 설정한다. 20분 내에 끝났다면 15분, 15분 내에 끝났다면 10분……. 이렇게 집요할 만큼 철저하게 효율화를 꾀하는 것이다.

회사, 특히 제조업체인 경우 작업의 속도 향상은 임금에 직접적인 영향을 준다. 임금이 낮아지면 비용이 줄어들고, 비용이 줄어들면 제품과 서비스 가격도 저렴해진다. 이렇게 모든 요소가 유기적으로 연결되어 있어 작업의 효율성이 향상되면 제품도 저렴한 가격으로 제공할 수 있게 된다. 점포에 10,000엔의 제품과 8,000엔의 제품이 진열되어 있다면 누구나 저렴한 쪽을 집을 것이다. 이것이 '가격경쟁력'의 창출이다.

반대로 표준시간보다 늦어진 경우에는 원인을 발견하여 해결한다. 작업이 단순한지, 아니면 까다롭기에 표준시간 자체를 더 느슨하게 설정해야 하는지, 표준시간이라는 잣대가 있을 때 비로소 판명할 수 있다.

필립스사는 경영의 효율화를 한층 더 도모하기 위해 자재 등의 비용뿐만 아니라 노동생산성에 착안하여 표준시간을 설정하였다. '노동강화로 이어진다'고 지적하는 의견도 있을지 모르나 표준시간보다 효율화를 실현한 종업원은 해당 득점을 얻게 되고 연말에 합당한 대가로 돌려준다. 열심히 일하면 일할수록 보상을 받는 성과주의의 한 제도인 셈이다.

이러한 경영개선의 장치를 1950년대 이미 확립했으니 필립스사는 정말이지 경외할 만하다. 이런 회사였기에 파나소닉은 필립스사에게 배웠고, 여타 일본 기업은 파나소닉을 본받아 경영력, 생산력, 제조력의 향상을 실현해 왔다. 일본 제조업을 이끈 선두주자는 파나소닉이라 할 수 있다. 그리고 거기에는 고노스케라는 시대를 앞선 리더가 있었다.

제5장

파산하는 편이
도리어 현명한 거야

- 돌연 30% 가격 인하를 요구하다!
- 삼류업체가 일류기업으로 도약한 순간
- 고노스케의 설득력은 무엇이 다른가
- '경영의 신'은 '경험의 신'이었다
- 머리가 좋은 사람이 안 되는 이유부터 설명한다
- 이상적인 생산시스템은 현장의 혁명에서 탄생했다!
- 빅3가 영원히 도요타를 따라잡지 못하는 이유
- 제일 어려운 문제부터 시작할 것
- 우리 회사의 '인력거'는 무엇인가

돌연 30% 가격 인하를 요구하다! 

"성공할 때까지 끝까지 노력한다면 기필코 성공할 수 있어. 실패라는 것은 성공하기 전에 포기해서 생기는 거야."

고노스케는 어록이라 불리는 주옥같은 말들을 많이 남겼는데, 그 가운데 이 말은 특히 중소기업의 경영자들에게 인기를 끌었다. 인간의 열의와 집념, 노력, 끈기의 중요성을 새삼 곱씹게 해주기 때문이다.

하지만 이런 말은 약이 되기도 독이 되기도 한다. 아무리 열성과 노력을 쏟아도 방향 설정이 틀렸다간 자칫 생고생만 하고 성과가 없기 때문이다. 도쿄에서 오사카까지 가야하는데 삿포로행 비행기에 타 버린 것과 같다. 무엇보다 방향 설정이 중요하다.

"경영자의 역할? 그거야 방향지시기를 단 심부름꾼이지."

경영자의 역할은 종업원이 일하기 편한 환경을 정비하는 것, 다시 말해 방향 설정이 중요하다는 것이다.

전진인가, 후퇴인가, 아니면 멈출 것인가, 방향지시는 경영자가 아니고서는 할 수 없다. 전 종업원이 그 지시를 기다리고 있다. '어떻게 하지?' 하고 좌고우면左顧右眄(앞뒤를 재고 망설임) 해서는 안 된다. 의견은 물어도 좋다, 아니 물어야만 한다. 하지만 결단은 경영자 혼자서 내려야 한다. 누구도 도와주지 않으며 그 결단을 누구도 책임져 주지 않는다. 그렇기 때문에 경영자는 고독하다.

"문제를 앞에 두고 바르게 판단하고 결단을 내린다. 자신에게 이득이 될지, 손해가 될지 이해관계로 판단하는 게 아니라 무엇이 가장 옳은지를 생각한다. 명경지수明鏡止水(잡념이 없는 잔잔한 심경). 공평무사公平無私(사적인 감정이나 이익을 개입시키지 않음). 결과적으로 사업의 득실은 늘 뒷전이었던 경우가 많았다."

말년의 고노스케가 필자와의 인터뷰에서 했던 말이다.

1961년의 일이다. 고노스케는 시바다이몬에 위치한 도쿄지사(당시)를 방문한 김에 우연히 요코하마의 마쓰시타통신공업(당시)으로 발걸음을 옮겼다. 이러한 불시 방문은 고노스케에게는 종종 있는 일이었다.

육감이 발동한 것이었을까? 여기서도 긴급임원회의가 한창 진행 중이었다. 임원 일동은 고노스케의 방문에 경악했다.

회의 분위기는 무거웠다. 분위기를 눈치챈 고노스케는 의아한 표정으로 질문을 했다.

"도대체 무슨 일이 있었던 건가?"

"실은 도요타자동차 쪽에서 가격 인하를 요구해 왔습니다."

"그래? 그런데 왜 모두들 얼굴이 어둡지?"

"실은……."

당시 도요타자동차에 카라디오를 납품하고 있었는데 그 가격을 당장 5%, 앞으로 반년 후에 다시 25%(15%라고 주장하는 책도 있으나 고노스케는 25%라고 분명히 말하고 있다), 총 30%나 가격을 인하해 달라고 요구했던 것이다.

부품회사의 입장에서 보자면 사형선고나 마찬가지였다. 이런 상황이니 어두운 표정, 침울한 회의도 당연했다. 가뜩이나 이익률도 낮은데 거기에 30%나 깎았다간 완전히 밑지는 장사다. 팔면 팔수록 손해를 보고 말 것이다. 처음에는 이구동성으로 "큰일났다, 큰일났다"고 한탄했으나 하도 걱정하다 보니 어떤 말조차도 나오지 않게 되었다. 실로 이날의 임원회의는 그러했다.

마른 수건도 다시 쥐어짜는 도요타의 본색이 발휘된 것인가? 아니, 이 요구의 배경에는 무역자유화라는 정치적, 경제적 문제가 도사리고 있었다. 2차 세계대전 이후 15년이 지나면서 일본 경제도 부활의 징후를 보였다. 미국의 라이벌로 성장할 만한 산업도 등장하고 있었다. 예를 들어 섬유산업이 대표적이었다. 미국은 국내 섬유산업의 피폐를 목격하자 일본정부에게 GM이나 포드와 같은 세계 유수의 자동차 업체를 포함한 미국 회사에 대한 무역자유화를 요구하기 시작했다.

성능, 품질, 디자인 모두 일본보다 뛰어난 GM, 포드가 만약 일본시장에 진출한다면 어떻게 될 것인가? 일본의 자동차산업은 산산조각이 날 것이다. 풋내기 씨름꾼이 미국이라는 천하장사와 같은 조건에서 싸워야 하는 것과 같다. 게다가 사태는 촌각을 다투고 있었다. 위기감 운운할 계제가 아니었다. 이런 이유로 도요타는 모든 부품회사에 이렇듯 터무니없는 비용 절감을 요구했던 것이다.

삼류업체가 일류기업으로 도약한 순간 

상식적으로 생각해 보자. 팔리면 팔릴수록 손해를 본다면 도요타의 제안을 거절할 수도 있을 터였다. 또는 거절하는 게 힘들다면 '30% 절감은 철회해 달라', '10% 절감, 아니 최대 20%로 해달라' 는 식으로 요구를 완화하기 위해 절충할 수 있는 자리를 마련하는 것도 생각해볼 수 있다. 사실, 그런 의견도 나왔다.

그러나 문제는 상대가 그 유명한 도요타자동차라는 점이다. 도요타가 순순히 타협할 회사인가? 그렇게 임원 일동은 아무런 아이디어도 내놓지 못한 채 진퇴양난에 빠지고 말았다는 것이다.

고노스케는 담당임원의 설명과 발언을 가만히 경청했다. 그리고 이 야기가 다 끝나자 곧바로 이렇게 말문을 열었다.

"내가 도요타라도 분명 같은 요구를 했을 걸세. 생각해 보게, 자네들은 얼토당토않은 요구라고 놀라고 있지만 도요타의 입장에서 보면 어떤가? 일본의 자동차산업이 살아남을지 없어질지의 갈림길일세. 어쩌면 도요타의 이번 결정은 업계를 위해, 나라를 위해 생각해서 한 일일 거야. 그렇게 생각하면 이 가격인하는 거부할 수 없는 것이 시대의 흐름이고 대중의 목소리라는 얘기일세. 우리 회사 한 곳의 사정이라고 이해해서는 안 되네. 차원이 달라. 큰일났다고 말하는 것 자체가 얼토당토않은 짓이야."

"……."

"이건 거절하면 안 되는 걸세. 그렇게 생각지 않나?"

"도요타의 입장은 이해가 갑니다. 하지만 수백 번 생각해도 즉시 5%, 반년 후에 또 25%, 그렇게 총 30%나 인하하는 것은 너무 무리한 요구입니다."

"비용절감이라는 건 말일세, 5%나 10%를 목표로 하면 도리어 달성하지 못하는 거야. 더 저렴한 재료를 쓴다든가 임시방편의 아이디어로 해서는 30% 달성은 어렵지. 근본부터 발상을 바꾸어야 해."

"……."

"성능은 떨어뜨려선 안 돼. 규격을 바꿔서도 안 되고. 하지만 이 두 가지를 지키는 한 나머지는 자유야. 그렇게 정말 30% 절감을 달성하면 어떻게 될까?"

"네?"

"도요타만이 아니라 전 세계에서 주문이 밀려들지 않을까?"

"그거야, 그렇죠."

"이건 위기가 아니야. 우리에게는 하늘이 준 기회란 말일세."

"……."

"30% 절감을 달성하면 고맙게도 도요타가 우리 제품을 사주겠다고 말하고 있지 않나. 이런 편한 장사가 어디 있나. 꼭 해낼 수 있어. 안 되면 되게 해야 해."

"알겠습니다. 해보겠습니다."

"그래, 바로 그런 자세야. 그런데, 자네, 지금 이익은 몇 퍼센트인가?"

"5퍼센트입니다."

"아니, 너무 적잖아. 그런 식으로 했다간 우리가 먹고 살겠나. 30% 절감이면 10% 이익을 내지 않으면 안 돼."

당시 이 회의에 참석했던 대선배로부터 들은 이야기다. 선배는 그 당시 상황에 대해 "그때까지 침체되었던 분위기가 일순 걷히면서 밝아졌다네"라고 말했다. 반년 후 고노스케는 다시 마쓰시타통신공업을 방문한다. 그런데 이미 무려 2, 3개월 사이에 30%를 절감하고 10%의 이익을 확보했다고 했다.

"거 봐, 내가 말한 대로 되지 않았나."

마쓰시타통신공업(당시)이 그야말로 카라디오의 1위 업체로 변신한 순간이었다. 그러한 점에서 이날은 파나소닉에게는 혁명적인 하루였다고 말할 수 있다.

단 한 사람의 의식을 바꾸는 것도 어려운데 임원회의 분위기를 180도 바꾸어 버렸으니 그야말로 고노스케의 위력은 대단하다. 보통, 이러한 종류의 회의에서는 "분명 사장님이 말씀하신 대로입니다"라고 처음에는 누구나가 납득하지만 회의가 끝나고 5분이 지나면 '그렇게 말해도 현실은 다르다' 며 생각이 다소 흔들리기 시작한다. 그리고 동료나 타인과 대화를 나누는 사이 '역시 무리다' 라며 결국에는 도로아미타불이 되고 만다.

그런데 그렇게 되지 않았다. 과연 어떤 점이 달랐던 것일까?

고노스케의 설득력은 무엇이 다른가 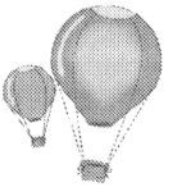

예를 들어 당신이 종업원에게 지시를 내리고 설득하는 장면을 떠올려 보라. 먼저 어떤 이야기로 시작할 것인가? 우선 사정 설명이라든가 이 업무를 완수해야 하는 의미나 의의를 전달할 게 틀림없다(그 중에는 아무런 설명 없이 '무조건 해라!' 라는 한마디 말로 끝내는 경영자가 있을지도 모른다). 그 다음은 구체적으로 지시를 내리고 부하 직원이 납득하면 업무를 시작한다.

이때의 흐름을 플로차트로 나타내 보면 다음과 같다.

① 지시(사정 설명, 의의, 의미의 전달)→ ② 종업원의 납득→ ③ 행동의 프로세스다. 그런데 성과가 시원치 않거나 결과가 나오지 않는 경우도 적지 않다. 이처럼 실제로 행동에 옮겼음에도 불구하고 기대하는 효과가 나오지 않았다면 그 이유는 무엇일까? 원인은 세 가지를 생각해 볼 수 있다.

① 지시가 틀렸다.

② 행동이 약했다.

③ 대책에 결함이 있었다.

이 경우, 지시는 옳았으므로 문제는 2아니면 3에 있다. 양쪽 모두 종업원이 기대 대로 행동에 옮기지 않았던 것만은 분명하다.

흔히 오해하기 쉬운 점이 인풋과 아웃풋의 상관관계다. 물리학에서는 아웃풋이 인풋 이상으로 커지는 경우는 없다. 하지만 매니지먼트의 세계에서는 인풋의 질에 따라 아웃풋은 하늘과 땅만큼 차이가 난다.

인풋의 수준에 따라 증폭에 증폭이 더해져 마치 핵폭발과 같이 믿을 수 없는 성과를 창출하기도 하는 것이다. 경영자의 설득력이 얼마큼 효과를 발휘하느냐에 따라 아웃풋이 달라진다.

이때의 마쓰시타 고노스케의 지시설득 프로세스를 분석하면 다음과 같다.

① 설명-이해의 단계

'도요타의 입장이었다면 어떻게 생각했을까?'

'이것은 장사가 아니다, 공적인 일이다.'

'거절이라니 얼토당토않다.'

'자동차 산업이 살아남기 위해 이 목표를 꼭 달성해야 한다.'

② 가능성에 대한 이해 촉진-공감의 단계

'목표는 높게 잡는 편이 좋다. 낮은 목표로는 달성하지 못한다.'

'성능은 떨어뜨리지 마라. 규격에 맞춰라. 나머지는 자유다.'

'상식을 버려라. 발상을 근본부터 바꿔야만 해낼 수 있다.'

③ 동기부여-감동감격, 그리고 분발의 단계

'성공한다면? 세계 최고의 업체로 도약할 것이다.'

'위기가 아니다. 도약을 위한 찬스다.'

'해내면 사겠다는 회사까지 있다.'

'5%? 이익이 너무 적다. 내가 힘들어(폭소).'

종업원은 경영자가 말하는 내용을 이해하지 못하면 납득할 수도 없

 마쓰시타 고노스케 실패의 王에서 경영의 神으로

다. 이해시키는 것, 이것은 납득의 첫걸음이다. 하지만 이해하는 수준
에서는 플러스 알파의 힘을 낼 수 없다. 마음 깊은 곳에서 납득하고, 공
감하고, 감동하고 그리고 분발하는 수준까지 끌어올려야만 진지해진
다. 여기까지 도달했을 때 비로소 '사명감'이라는 의식이 가슴 안에 묵
직하게 자리 잡게 된다.

경영자의 설득이 고작 5분 지나 흔들리고, 타인과 얘기하자마자 사
라져 버리고, 도로아미타불이 되고 마는 원인은 사명감이 자리하지 못
했기 때문이다. 솔선수범도 중요하나 혼자서 할 수 있는 일은 많지 않
다. 팀의 역량을 결집하여 일하는 쪽이 훨씬 효율적이다.

경영자는 어떤 점에서 교주(적 존재)여야만 한다. 지시 명령은 예언
적 메시지이어야 하고 미래를 내다보는 혜안도 갖추고 있어야 한다. 혼
신의 열정으로 종업원을 매료시키고, 탁월한 설득력으로 종업원의 마
음에 뜨거운 불을 지펴야 한다.

'경영의 신'은 '경험의 신'이었다 

필자가 이 일화를 파나소닉의 임원(당시)에게 들은 시기는 지금으로
부터 30년 전이다. 고노스케는 주변의 분위기를 순식간에 바꾸어 버리
는 비술을 가지고 있음에 틀림없다고 감탄했던 것을 기억한다. '역시
경영의 신'이라고 생각했다.

그런데 20년 정도 지나 고서점에서 우연히 이시다 다이조의 저서를 본 적이 있다. 한 두 장 읽는 사이 내용에 푹 빠져 끝까지 독파해 버렸다. 거기에는 귀중한 일화가 소개되어 있었다. 놀랍게도 고노스케는 임원회 일화가 있었던 수년 전에 똑같은 경험을 하고 있었던 게 아닌가. 상대는 도요타자동차. 게다가 이시다 다이조다.

도요타자동차는 대중차 파브리카를 시장에 내놓기 전 크라운과 코롤라를 생산했다. 이들 차량에는 자동차용 시계가 달려 있었는데 파나소닉이 이 제품을 납품했다.

이때 도요타의 사장은 이시다 다이조. 앞에서도 거듭 말한 바 있는, '마른 수건을 다시 쥐어짠다' 는 일화의 장본인이다. 이때도 이시다가 직접 고노스케에게 '납품가격을 30%로 할 수 없겠는가' 라고 상의했다. 30%의 의미는 다시 말해 무려 70%나 인하해 달라는 요구였다. 고노스케는 이런 경험에 이골이 났다. 회의에서 '당장 5% 인하, 반년 후에 25%를 인하해 달라고 요구했다' 는 말을 듣는 순간 '뭐야, 그 정도야' 라고 생각했음에 틀림없다.

분명 사장의 직접적인 70% 가격 인하 협상은 무리였지만 그렇게 터무니없는 게 아니었다. 세계표준 가격까지 깎았기 때문이다. '지금까지 노력해 왔다. 그러나 그 노력으로는 아직 부족하다. 새로운 아이디어가 생겨난다면 어떤 자재나 부품도 더 저렴해질 수 있고, 보다 고품질의 상품을 만들 수 있다. 물론 적정 이익도 확보할 수 있다' 고 생각한 고노스케는 승낙했다.

제조업은 비용을 0.1% 줄이기 위해 창의성을 발휘하고 연구개발에 구슬땀을 흘린다. 종업원은 똘똘 뭉쳐 품질관리 운동, 개선제안 활동을 전개하고 매일 열심히 노력한다. 연이은 비용 절감으로 30% 인하를 실현하였다. 하지만 이시다의 대답은 '노' 였다.

또다시 지혜를 짜내야만 했다. '더 이상 무리다' 라고 우는 소리를 하는 현장 기술진을 고노스케는 질타하고 격려하며 돌아다녔다.

"지금까지의 발상으로 안 돼. 자네들 잘 듣게. 1,000엔의 제품을, 가격을 낮춰 300엔으로 만들려고 생각하면 안 돼. 처음부터 300엔으로 만들기 위해서 어떻게 해야 하는지를 생각해 보게."

요즘 경영용어로 바꾸면 '제로베이스 발상' 이 되지 않을까? 카라디오의 경우와 마찬가지로 이때도 분명 성능과 규격을 바꾸어서는 안 되지만 나머지는 자유라고 말했을 것이다.

이런 고노스케의 격려와 질타 속에 50%까지 가격을 인하하여 비용절감을 실현하는 데 성공했다. 하지만 이익을 생각하니 이것이 한계였다. 고노스케가 보기에도 이 이상 분발하라고는 치마 말을 할 수 없었다.

"이시다, 이걸로 타협하지?"

"고맙네. 정말 수고 많았네."

70%의 이하를 요구한 이시다도 지독한 경영자이지만 그 제안을 받

아들여 기술진을 질타, 격려하는 고노스케는 더욱 지독한 경영자일지
모른다. 사업은 녹록하지 않다. 언뜻 무리라고 보이는 요구에 부응함으
로써 기업의 체질은 단단한 근육질로 바뀐다. 덕분에 파나소닉은 자동
차용 시계 분야에서도 큰 성장을 가져올 수 있었다.

머리가 좋은 사람이 안 되는 이유부터 설명한다 

자동차왕 헨리 포드 1세는 고노스케가 존경하는 인물 중 한 사람이
다. 포드시스템이라 불리는 대량생산방식을 주창하고 실행한 인물이기
때문이다. 포드는 작업의 기계화와 분업화를 통해 철저한 합리화를 도
모하여 고품질의 제품을 저렴한 가격으로 판매했다. 뿐만 아니라 기업
이익을 성장시키고 임금을 올려주어 노동자를 고객으로 바꾼, 실로 창
의성이 풍부한 경영자다.

이 포드의 지론에 어지간히 공감했는지 고노스케는 임원, 종업원,
거래처를 불문하고 기회가 있을 때마다 다음의 말을 소개하고 있다.

'좋은 기술자일수록 못 한다고 구실을 대는 데 능한 이론의 명인이다'

연이어 신제품을 개발하는 것은 제조업의 사명이자 숙명이다. 그렇
지 않으면 소비자의 기대에 부응할 수 없고 경쟁사에게도 지게 마련이
다. 그래서 필사적으로 연구하고 아이디어를 짜낸다.

그러나 현장에서 가장 방해가 되는 것은 '못 한다', '불가능하다',

'무리다'라는 말이다. 머리가 좋은 사람은 앞을 훤히 내다보아서인지 능란하게 불가능한 이유를 찾아낸다. 논리 정연하게 불가능한 이유를 설명하면 듣는 쪽은 정말 불가능하다고 생각하게 된다. 실험데이터나 통계, 타사 사례 등을 소개하면 '이것은 절대로 무리다'라고 누구나 납득해 버리고 만다. 그렇지만 '못 한다', '불가능하다', '무리다'라고 말하는 한, 새로운 일은 절대 시작할 수가 없다. 하지만 사업이란 불가능을 어떻게 하면 가능으로 바꿀 것인가를 생각하고 또 실현하기 위해 창의성을 발휘해야 한다. 경영자라면 안 되는 이유가 아니라 불가능을 가능으로 바꾸기 위해서 무엇이 필요한지를 알고 싶은 것이다.

불가능한 이유를 요약하면 결국 다음의 세 가지로 정리할 수 있다.

① 혼자서는 불가능하다.

② 지금까지의 방식으로는 불가능하다.

③ 지금까지의 시스템으로는 불가능하다.

이들 불가능한 이유를 반전시키면 가능한 근거로 바뀐다.

① 프로젝트팀, 전담팀 등의 지혜를 모아 대처한다.

② 방식을 바꾼다.

③ 조직, 시스템, 구조 등에 원인이 있다면 개선한다(경영자, 경영간부만이 개선할 수 있는 문제가 많다).

30% 가격인하, 70% 가격인하의 요구를 실현한 것은 재료를 싼 가

격으로 낮추는 것과 같은 임시방편의 아이디어로 수정한 게 아니라 본래의 제도, 쉽게 말해 설계부터 근본적으로 바꾸었기 때문이다. 이미 완성된 제품을 가지고 열심히 궁리해봤자 비용 절감은 고작 1%, 2% 수준에 지나지 않는다. 30%, 50%, 70%의 비용 절감을 하기 위해서는 지금까지의 제품(설계도)은 과감히 버리고 전혀 새로운 제품을 만들겠노라는 각오로 임해야 한다.

인간은 누구나 쉬운 길을 택하고 싶어한다. '지금의 제품을 살짝 수정하면 안 될까?' 하며 편한 쪽으로 생각해 버리기 마련이다. 하지만 이는 그야말로 잔꾀다. 임시방편이 아닌 근본부터 바뀌어야 한다. 새롭게 설계를 시작하자면 완성된 제품은 방해가 될 뿐이다.

"지금까지의 발상으로 안 돼. 처음부터 300엔으로 만들기 위해서 어떻게 해야 하는지를 생각해 보게."

지금까지의 발상을 초기화하지 않으면 새로운 한 발을 내딛을 수 없다. 이런 의미에서 기획서를 눈앞에서 찢어 버리는 경영자는 차라리 친절한 것이고, 제품을 부숴 버리는 경영자는 은인이라 할 수도 있겠다.

이상적인 생산시스템은 현장의 혁명에서 탄생했다! 

파나소닉에 대한 이시다 다이조의 요구는 가혹했으나 도요타 사내에서는 더 심한 압박이 있었다.

도요타자동차 탄생의 아버지인 키이치로는 "3년 안에 빅3를 따라잡을 수 있는 생산체제를 구축해 달라"는 말을 남기고 이시다에게 경영의 바통을 넘겼다. 이시다는 즉시 미국 빅3의 제조현장을 시찰하는데, 그곳에서 목격한 것은 도요타보다 무려 10년이나 앞선 모습이었다.

GM이나 포드의 생산능력은 시간당 800대(당시). 도요타가 GHQ에서 허락 받은 월간 생산대수와 같은 양을 고작 1시간 만에 생산하고 있던 것이다. 경영진이 프로그래밍한 생산계획에 따라 공장노동자가 직책별로 작업하는 등 업무 단순화가 이루어져 있었다. 누구나 가능하도록 작업 표준화를 도모했고, 컨베이어로 부품을 운반하는 자동화도 정비되어 있었다.

무엇 하나를 보더라도 생산시스템은 도요타보다 압도적인 우위에 있었다. 3년 내에 빅3를 따라잡을 수 있을까? 그렇지 않아도 10년이나 뒤처진 출발이었다. 이러다가 간극을 메우기는커녕 점점 더 벌어지는 것은 아닐지 걱정이었다.

이시다는 제조부장인 오노 다이이치(훗날 부사장, 도요타생산방식의 창시자로 일컬어진다)를 지목하였다.

오노는 공장에서 기계를 움직이는 것은 작업자라는 점에 주목한다. 작업원에 따라서 한 공정을 처리할 때 시간이 오래 걸리기도 하고 반대로 빨리 끝내 버리고 손을 놀리기도 해서 곳곳에서 낭비가 발생했다. 이 불균형은 품질에 막대한 영향을 미쳤다. 이를테면 생산라인의 검품을 할 때 완성품 중에서 샘플을 추출하여 검사했는데, 품질의 수율(불량품이 아닌 제품의 비율)은 그다지 높지 않았다.

찰리 채플린의 영화 「모던타임즈」에서는 공장에서 나사를 조이는 채플린이 꼬리에 꼬리를 물고 밀려드는 작업을 따라가지 못해 문제를 일으키는 해프닝이 코믹하게 그려져 있으나 빅3의 현장에서도 같은 풍경이 연출되고 있었던 것이다.

3년 내에 따라잡기 위해서는 이 로스(낭비)를 철저하게 줄이는 수밖에 없다. 그렇다면 무엇을 하면 좋을까? 해답은 간단하다. 작업원 한 명 한 명이 낭비를 없애기 위해 노력하는 것. 완성품을 이용한 샘플 검품이 아니라 각 공정에서 불량품을 철저하게 없애는 것. 그렇게 한다면 빅3를 능가하는 수율을 실현할 수 있다. 도요타방식의 개선은 실로 아래로부터의 생산혁명이었다.

빅3가 영원히 도요타를 따라잡지 못하는 이유 

이러한 발상에서 탄생한 것이 'just-in-time' 이라는 생산방식이다. 2011년 3월에 발생한 동일본대지진과 2007년 7월에 발생한 니가타추에쓰 앞바다 지진의 영향으로 인해 도요타는 협력회사의 부품공급이 중단되면서 조업의 일시 정지라는 상황에 내몰렸다. 물론 도요타뿐만 아니라 닛산과 혼다도 상황은 마찬가지였다. 도요타는 부품을 적어도 두 군데 이상의 회사에 발주하고 있었는데 재해 리스크를 회피하기 위해 공연히 부품처를 확대할 필요는 없었다.

오노는 일곱 가지 낭비를 철저하게 배제할 것을 요구했다. '과잉 제작', '작업 대기(가지고 있는 게 아니다!)', '운반', '가공', '재고', '동작', '불량품'의 일곱 가지다.

'과잉 제작'의 낭비는 갑작스러운 주문에 대응하기 위해 재고를 많이 보유하고자 할 때 발생한다. 많은 부품을 오래 보유하면 비용이 더 들고 상품화할 수 없다. 자금 압박의 위험도 발생한다. 사소한 주문에 대응하려 했다가 장기이익을 압박할 수도 있다. '작업 대기'의 낭비는 표준화, 평준화가 진전되지 않은 탓에 작업자의 능력 차이가 발생하면 한 공정에서 작업이 정체되어 다음 공정에 부품이 흘러가지 않게 되는 것이다. '운반'의 낭비는 작업 공정별로 부품수납공간이 떨어져 있는 탓에 발생하기 쉽다. '가공'의 낭비는 이를테면 도장공장에서 흰색 차를 도장한 다음 검은색 차를 도장하는 등 그때마다 도료를 바꾸어야 할 때 생겨난다. '동작'의 낭비는 작업의 흐름을 과학적으로 분석하지 않은 탓에 발생한다.

이들 낭비에 더해 '불량품'의 낭비가 있다. 도요타는 이를 최악의 낭비로 규정하고 증오한다. 예를 들어 조립공장에서 제품을 모두 완성했는데 바이스가 하나 남았다. 공정을 이미 거친 자동차에 혹시 바이스가 빠진 게 아닌지 모두 검사해야 한다. 이 작은 실수의 원인을 밝히기 위해 불량품이 아닌 제품까지 일일이 조사를 해야 한다는 것이다. 각 공정의 작업 낭비를 철저하게 줄이는 것이 최종적으로는 시간과 재고의 낭비를 줄이고 더 나아가 높은 수율로 이어지는 것이다.

오노의 사상을 구현시킨 '간판방식'에서는 후後공정의 작업원이 필요한 부품을 전前공정에 발주함으로써 불필요한 부품의 발생을 억제하였다. 각 공정의 작업평준화를 위해 우선 각 공정의 표준시간을 설정하였다. 스톱워치를 가진 점검담당자가 일정기간 각 공정에서 어느 정도의 작업시간이 걸리는가를 측정하여 이상적인 작업시간을 할당한다. 표준시간보다 긴 공정에서는 작업원의 속도가 늦은지 아니면 설정 자체에 무리가 있는지를 검증한다. 이러한 검사를 반복하여 각 공정을 조절한다.

도요타의 위대함은 표준시간을 조금씩 단축하고 있다는 점이다. 1분 동안 수행할 작업을 30초로 단축시킬 정도다. 이러한 낭비 제거에 대한 의식을 작업원 한 명 한 명이 언제나 가지고 있다. 초심자는 재고를 만들지 않기 위해 노력하며, 중급자는 생산성과 품질을 개선하고, 상급자가 되면 창의성을 발휘하고 숨어 있는 문제점을 밝혀낸다.

예컨대 차체의 프레스가공에서 여러 개의 공정을 거쳐 곡선과 미세한 구멍, 홈을 만든다고 하자. 이때 이 작업을 대대적으로 단축하기 위해서는 한 번의 프레스로 모든 가공을 실현하면 된다. 이에 대해 도요타라면 현장작업원이 바로 제안하겠지만 빅3에서 이런 일은 상상조차 할 수 없다. 이유는 두 가지다. 하나는 노조가 직능별로 나뉘어 있는 까닭에 해당 작업이 사라지면 작업원은 해고되어 버리기 때문이다.

그리고 또 하나는 경영진, 관리직이 절대로 현장직원과 소통하지 않기 때문이다. 누가 어떤 작업을 하는지 명확하게 정해져 있기 때문에 공장관리라는 업무에 작업원이 개입했다간 담당자의 직분을 해칠 우려가 있다. 이는 현재 각광받고 있는 하이브리드차의 제조현장에서도 마찬가지다. 전기공은 전기 업무만, 기계공은 기계 업무만 한다. 하이브리드 엔진 부분은 전기와 기계 양쪽에 걸쳐 있지만 서로 개입하지 않는다. GM과 크라이슬러는 자동차의 핵심이라고 일컬어지는 엔진 개발까지 외부에 발주하고 있었는데, 작업과 노무 구조 개혁을 적극적으로 실천하지 않은 탓에 도산하고 말았다. 고노스케 식으로 말하면 '많은 사람들의 지혜를 모으는 것'에 실패한 탓으로 자멸한 것이다.

제일 어려운 문제부터 시작할 것

'제일 어려운 문제부터 시작해야 해. 그것만 해결하면 나머지는 자연스럽게 풀리게 마련이지.'

1962년, 고노스케는 지인의 간청에 못 이겨 도호전기라는 회사를 인수하기에 이른다. 바쁜 고노스케는 35세의 젊은 과장을 지명하여 회사의 문제점을 총점검하도록 시켰다.

문제점을 정리해 보니 보고서 용지에 조목조목 적기만 했는데도 무려 3장 분량을 꽉꽉 채웠다. 문제가 있으니 경영이 막다른 골목에 몰린 게 당연하나, 아무리 그래도 내용이 너무나도 최악이었다.

한 달 총 거래액이 800만 엔밖에 되지 않는데도 경비는 100만 엔이나 쓰고 있었다. 더구나 급료도 툭하면 연체였다. 정년제가 없는 탓에 80세의 서무과장까지 있었다. 그럼에도 불구하고 전무는 젊은 사원이었다. 노동조합은 일은 뒷전이고 오로지 파업뿐이었다. 공장은 고장투성이에다 기술은 150년 전의 라디오보다 고리타분했다. 주력 상품(모사전신기-팩시밀리)은 신문사나 특수 통신회사 등 고작 몇몇 회사만이 상대해 줄 뿐이었다. "자금이 달려, 돈이 없어"라고 불만만 터뜨리고 누구 하나 외상 받을 생각도 하지 않았다. 핑계만 대는 임원을 힐책하자 "가려 해도 교통비가 없습니다"라고 주저리주저리 또 핑계를 댔다. 그 탓에 외상은 한 푼도 거두어들이지 못하는 형국이었다.

이런 까닭으로 은행은 이미 대출을 중단한 상황이었고 단골 거래처에서 수주대금을 가불해서 가까스로 꾸려나가는 형편이었다. 윤리의식마저도 땅에 떨어져 있었다.

사람, 물자, 자본, 기술 모든 면에서 문제만이 가득했는데, 그 가운데에서도 가장 큰 문제는 사장이 없다는 점이었다.

'왜 이런 회사를 인수한 거지!'

의문과 분노를 느끼면서 그 젊은 과장은 고노스케에게 보고서를 제출하였다. "힘들었지, 자네. 수고 많았네"라며 먼저 위로해 줄 것이라고 생각했는데 정반대였다.

"문제가 이것밖에 없나? 유감이군. 더 있으면 좋을텐데 말이야."

젊은 과장의 몸에서 힘이 빠져 나갔다. 그러나 이어진 고노스케의 한마디에 눈이 확 트인다.

"이걸 하나하나 해결하면 전부 재산으로 변한다네. 결함은 보물이야. 결함이 없는 회사란 이 세상에 없어. 현실을 부정해서는 안 돼. 하지만 시인해서도 안 되지. 현실을 인정하면 있는 그대로의 상태가 보이고 그 것을 그대로 수용하면 사태의 본질이 드러난다네. 그때 무엇을 하면 좋을지 알게 되는 걸세."

"아!"

"그래서 말인데, 자네, 이 회사의 사장으로 일해보지 않겠나?"

"네? 제가 말씀입니까?"

"그래."

"무리입니다. 저 말고도 다른 적임자가……"

"아니, 자네라면 할 수 있어."

"……"

"내 좋은 거 하나 가르쳐 줌세. 문제를 해결할 때는 제일 힘든 문제부터 시작해야 하는 걸세. 이것만 해결하면 나머지는 자연스럽게 해결되지. 모두 지켜보고 있어. 힘을 내게."

모두 지켜본다고? 재건회사의 종업원들이 팔짱을 끼고 주목하고 있다는 것이다. 그런 때 자잘한 문제부터 시작한다면 이 사람은 도통 아는 게 없다며 실망하고 바보 취급할 게 뻔했다. 제일 힘든 문제부터 해결하는 모습을 보여주는 게 중요하다는 뜻인가?

어떤 일이든 경중輕重, 농담濃淡, 지엽말절枝葉末節(중요하지 않은 사항)과 근간根幹(중심이 되는 중요한 것)이 있다. 제일 중요한 부분은 근간이다. 이 급소만 짚고 있으면 자질구레한 지엽말절 등은 자연스럽게 해결된다. 레토르트식품처럼 3분 내에 해결할 수 있는 문제는 신입사원에게 맡기면 된다.

못한다고 미리 포기해서는 아무 것도 시작할 수 없다. 젊은 경영자는 종업원을 집합시키고 주력상품이 될 만한 기술에 대해 토론했다. 찾아보니 대책이 있었다. 전기와 기계 두 가지는 건질 수 있다는 결론이 나왔다.

"좋아, 이 둘을 조합하면 무엇을 할 수 있을까?"

'팩시밀리가 좋겠다', '복사기도 만들 수 있다', '정밀소형모터는 어떠냐' 등 직원들 사이에서 아이디어가 나왔다.

구체적인 제품명까지 나왔다.

"이 중에서 지금까지의 업무와 제일 가까운 게 뭘까?"

"모사전신기(지금의 팩시밀리)입니다."

"그렇군, 모사전신기인가."

실은 당시만 해도 이 제품은 시장규모가 극히 작아 거의 없는 것과 진배없었다. 그곳에 신제품을 출시해도 팔릴지의 여부는 불투명했다.

눈앞의 매출, 이익이 필요했다.

'팩시밀리를 주력상품으로 밀면 과연 성공할 수 있을까? 이것밖에 없나? 또 다른 무언가가 있을 거야.'

우리 회사의 '인력거'는 무엇인가 

젊은 경영자는 종업원들과 토론한 결과를 고노스케에게 보고해야만 했다. 우선 형태만 갖춘 사업계획서를 작성하여 파나소닉 본사로 고노스케를 찾아갔다.

보고를 다 끝내고 나서도 고노스케는 가타부타 말이 없었다. 무슨 일인지 주야장천 인력거 얘기뿐이었다.

"자네, 세상에 자동차도 비행기도 있는데 왜 인력거가 사라지지 않는다고 생각하나?"

고노스케의 질문에는 선문답과 같은 면이 있다. 늘 정답이 있는 게 아니고 정답 이면의 깊이 있는 의미를 내포한 것이 많다. 그래서 질문을 받은 상대방은 어떻게 대답할지 몰라 우물쭈물하다기 그의 이야기를 듣게 된다.

"끄는 사람이 있는 한 인력거는 사라지지 않아."

젊은 경영자는 무슨 뜻인지 통 알 수가 없었다. 여전히 고노스케는 인력거에 대한 말만 해댔다. 고노스케의 반응을 전달해야 하는데 인력거 얘기만 듣다왔다고 말한다면 종업원들의 실망이 이만저만이 아닐 것이다. 젊은 경영자는 낙담하고 돌아가는 길에 생각했다.

'왜 굳이 인력거 얘기를 했을까? 무슨 의미가 있는 걸까?'

공장에 당도할 무렵에는 어렴풋하지만 무언가를 깨달은 것 같았다.

'맞아, 특기인 기술을 발전시키라는 뜻이야. 분명 지금은 시장이 작을 지 몰라. 하지만 이러쿵저러쿵 해도 800만 엔어치는 팔고 있잖아. 넋 놓고 있기만 해서는 시장은 커지지 않아. 우리가 확장시키면 돼. 우리 인력거는 팩시밀리였던 거야.'

젊은 경영자는 모사전신기를 주력 상품으로 한 재건계획을 세웠다. 종업원은 무급으로 일했다. 자재 납품회사도 대금을 받지 않고 부품을 납품해 주었다. 그리고 그렇게 팩시밀리 시장에서 세계 최고의 점유율 을 거머쥐게 되었다.

당초 재건을 예상했던 5년이라는 기간을 3년으로 단축시킨 젊은 경 영자는 설레는 마음으로 고노스케에게 보고하러 갔다. 그런데 칭찬은 커녕 질책을 당했다.

"거 봐, 5년 걸린다는 걸 3년에 해치웠잖아. 자네의 계획이 느슨했던 거야."

과거의 도호전기는 마쓰시타전송으로 사명을 바꾸고 지금은 규슈 마쓰시타전기, 마쓰시타통신공업, 마쓰시타전송시스템으로 재편, 통합 되어 파나소닉시스템네트워크라는 회사로 모습을 바꾸었다. 당시의 젊 은 경영자는 기노 치카유키(파나소닉 종신객원)다.

제6장

그렇게 간단하게 이해해서는 안 돼!

- 대지진이 가르쳐 준 회사의 위기
- 자네들, 언제부터 그렇게 대단한 사람이었나!
- 적자의 원인은 사장, 당신에게 있다!
- 눈물을 자아내는 드라마로 끝내서는 안 된다
- 전광석화처럼 대책을 강구하다
- 300억 엔을 하수구에 버릴 각오
- 양판점과 소매점의 판매력을 어떻게 강화할 것인가

대지진이 가르쳐 준 회사의 위기

1961년 회장직에서 물러난 고노스케는 거점을 교토 히가시야마 난젠사 옆의 신신암으로 옮긴다.

종전 직후, GHQ에 의해 경영에서 배제되었을 무렵 매진했던 PHP 운동을 본격적으로 재개하기 위해서였다. 평생 숙원이기도 한 '인간관의 연구', '우주관의 이치'에 대해서도 밝혀내고 싶다고 생각했다.

일선에서 물러났다고는 하나 입지전적 경영자인 그에게 강연과 취재 요청은 쉴 새 없이 쇄도했다. 공사다망한 나날을 보내는 것은 사장

시절과 별반 다를 바 없었다.

3년 후인 1964년 초여름, 보고서를 훑어보던 고노스케는 떨떠름한 표정을 짓는다. 감수감익減收減益의 징후…… 불길한 사태를 예감했기 때문이다.

전무후무한 호황, 도쿄올림픽 개최를 코앞에 두고 일본이 유례없는 공공투자로 들썩였다. 일본과 일본인에게 올림픽은 2차 세계대전 이후 최초로 치르는 세계적인 이벤트였으며 아시아의 대표로서 세계 무대에 데뷔하는 세기의 이벤트였다. 신칸센 철도 개통, 수도고속도로의 건설, 빌딩 신축, 호텔 건설이라는 건설 붐에 더해 고도성장이 가져온 가전제품의 수요도 폭발적이었다. 가전업계는 해마다 무려 30%의 성장세를 보였다.

같은 해 6월 16일, 니가타대지진(규모 7.5)이 발생한다. 파나소닉도 그곳에 판매회사, 대리점을 여럿 두고 있었기에 위로차 간부를 급파하였다. 그런데 그 피해액이 생각보다 너무 컸다. 바로 전국 영업소를 점검하도록 조치했다. 과잉재고가 문제였다.

"반동이 무섭군. 아니, 벌써 시작되었는지 몰라. 올림픽이 끝나면 본격화하겠군. 이대로 있을 수만은 없어."

고노스케가 판매회사, 대리점 또는 소매점의 경영자들 사이에 긴밀한 네트워크를 가지고 있다는 것은 다 알고 있는 사실이다. 이는 창업 이래 고노스케가 직접 발품을 팔며 개발한 네트워크였다.

이른바 소비消費의 최전선에 안테나를 빽빽이 설치한 것과 같았다. 즉시 두세 군데의 소매점에 전화를 걸어 보니 판매가 급감하고 있다는 말이 들려왔다. 파나소닉의 영업부대가 어떤 식으로 판매하고 있는지 눈에 보이는 듯 했다.

얼마 안 가 불황이 도래했다. 불황에는 불황에 맞는 경영 방식이 있다. 재빨리 감산체제에 돌입한 제조업체만이 깊은 상처 없이 넘어갈 수 있다. 그럼에도 불구하고 각 사업부의 영업부대가 하는 꼴을 보아하니 '판매계획 무조건 달성'을 모토로 판매회사, 대리점(판매회사보다 취급량이 적은 회사)에 '밀어붙이기식' 판매를 시행하고 있었다. 이렇게 밀어붙이기를 당한 판매회사는 소매점을 상대로 같은 행태를 벌였다.

그렇다면 대금은 어떤 상황인가? 손님이 사주지 않으면 제품은 점포에 남고 점포에 남은 재고가 가득 차면 창고로 옮겨진다. 그렇게 창고에도 재고가 산더미처럼 쌓인다. 그러다가 신제품이 출시되면 밀어붙이기식으로 받은 제품은 구닥다리가 되고 만다. 구닥다리 제품은 팔리지 않을 것이고, 팔리지 않으면 현금이 되지 않는다. 수중에 현금이 없으니 어음을 끊지만 그 어음의 기일이 다가올 때까지 지불할 수 있을지도 불투명하다.

'이거 큰일났군. 그런데 누구도 눈치채지 못하고 있다니. 왜 그런 거지?'

고노스케는 사태의 심각성을 느끼고 전국의 영업소장에게 명령을 하달한다.

'영업소장의 동행 하에 판매회사, 대리점의 사장까지 한 명도 빠짐없이 모일 것. 회의장소는 아타미.'

이 회의에서 고노스케는 파나소닉 최대의 위기를 V자 회복으로 역전시킨다. 69세의 고령이던 고노스케가 총 23시간이나 단상에 올라 열띤 논쟁을 전개한 일생일대의 대무대, 이것이 바로 그 유명한 '아타미 회담'이다.

자네들, 언제부터 그렇게 대단한 사람이었나! 

'이번 회의는 정해진 기간이 없다', '의제는 준비할 필요 없다', '정해진 틀도 없다', '무조건 끝장토론이다'

고노스케가 이 회의에 예사롭지 않은 결의로 임하고 있다는 사실은 이 문장을 통해 주위에 절절하게 전달되었다.

과거 파나소닉이 행사를 열었을 때의 일화가 상기된다. 상담역으로 물러났다고는 하나 이런 행사를 열 때 고노스케는 모든 준비를 담당자에게 일임하지 않았다. 간판의 글자와 크기, 초대손님의 가슴에 달 꽃의 크기, 스탠드마이크까지 걸어서 몇 걸음인지, 얼마나 시간이 걸리는지 실제로 걸어보고 확인했다. 의자의 배열 위치, 방석의 위치, 젓가락을 놓는 방법에 이르기까지 '이것은 좋다', '이건 재고의 여지가 있다'는 식으로 사무 담당자에게 세세하게 지시를 내렸다.

회의 전날, 연단 앞에 선 고노스케가 큰 목소리로 말했다.

"참석한 사람들의 얼굴이 다 보이지 않잖아."

"참석자 수가 많아서요."

초대손님은 판매회사, 대리점 경영자만 해서 170명, 거기에 파나소닉의 간부까지 합치면 200명은 족히 넘었다.

"안 돼. 이번에는 한 사람 한 사람과 대화를 나누는 기분으로 임해야 한다고."

회의장에 빽빽히 늘어선 의자들을 사람과 사람 사이로 뒷줄의 사람 얼굴이 보이도록 재배치시켰다. 그리고 단상에 올라간 고노스케는 더 잘 보이도록 단을 높이라고 지시했다.

여기에 그치지 않고 또 한바탕 소동이 벌어졌다. 판매회사, 대리점 경영자의 가슴에 달 백장미 코르사주가 파나소닉의 경영간부의 것보다 작았던 것이다.

"자네들, 언제부터 그렇게 대단했었나!"

화가 난 고노스케는 얼굴이 붉어지도록 고함을 쳤다. 이럴 때는 도깨비보다 무섭다. 그러면서도 고노스케는 며칠간 이어질지 모를 회의에서 손님의 바지에 주름이 가지 않도록 초대손님 모두에게 바지 전용 다리미를 배부하는 배려도 결코 잊지 않았다.

아타미회담의 목적은 간담회가 아니었다. 직접 각 사의 경영 실태를 들은 뒤, 있는 그대로의 현실을 전원이 공유하여 V자 회복의 방안을 모

1964년 7월 10일, 전국 판매회사 및 대리점 사장 간담회
(통칭 '아타미회담', 장소 : 아타미 뉴후지야호텔)

색하는 것이었다. 고노스케는 파나소닉 창업자로서 바늘방석이 될 것임을 잘 알면서도 회담을 개최했다.

적자의 원인은 사장, 당신에게 있다! 

"이 중에서 흑자인 회사는 얼마나 됩니까?"

그럭저럭 흑자를 계상 중인 회사는 170개 회사 중 20여 곳에 지나지 않았다. 나머지는 모두 적자에 허덕였다. 그 가운데에는 자본금 500만 엔의 회사가 1억 엔의 어음을 끊고 있는 사례도 있었다. 이러한 사태에 천하의 고노스케도 아연실색하지 않을 수 없었다. 만약 어음을 기한 내에 지불하지 못하면 부도가 나고, 이것이 두 번 이어지면 도산이다. 만약 적자인 150개 회사가 같은 정도의 어음을 끊고 있다면……. 파나소닉의 파산은 불 보듯 뻔했다.

이런 상황에 대해 일일이 듣고 있자니 예상대로 분위기가 좋지 않았다. '마쓰시타가 하라는 대로 했는데도 돈벌이는 도통 되지 않는다', '적자가 이어지고 있다' 고 여기저기서 입을 모아 원성을 터뜨렸다.

"원인은 모두 마쓰시타의 지도가 잘못된 탓이야."

첫날은 종일 판매회사와 대리점의 불평불만을 듣는 것으로 끝났다. 식순 따위도 없었다. 무조건 결론이 날 때까지는 끝낼 수 없다고 고노스케는 각오를 다졌다.

이틀째에 들어서도 사태는 마찬가지였다. 변함없이 불평과 불만이 꼬리에 꼬리를 물고 터져 나왔다. 다만 이날은 고노스케를 비롯해 간부들도 반론을 말할 수 있었다.

"적자를 낸 건 당신이 경영을 잘못했기 때문입니다. 마쓰시타에 너무 기대고 있는 게 아닌가요?"

"당신도 경영자잖소. 아무리 우리가 제품을 팔더라도 싫으면 거절하면 되지 않습니까! 상품을 팔지도 않으면서 그쪽 입장만 내세우면 안 되죠."

"적자의 원인은 사장 당신에게 있소. 정말 고생이라는 걸 해 봤습니까? 손 쓸 도리가 없을 정도로 내몰리고 진퇴양난에 빠지고 소변에서 피가 나오는 고통을 겪은 적이 있습니까? 나는 지금까지 여러 차례 그런 경험을 했어요. 그런 자리가 사장입니다. 당신은 그만큼 고생을 한 적 없지 않습니까?"

모든 것을 죄다 털어놓고 숨김없이 얘기했다. 고노스케도 배알이 뒤집혀서 하고 싶은 말을 모조리 쏟아냈다.

사흘째도 같았다. 비판, 비난, 온갖 욕설이 난무했다. 이런 말까지 들어야 하는건지 고노스케는 분한 마음을 참을 길이 없었다. 심한 야유를 감내하면서 고노스케는 커다란 목소리로 반론을 펼쳤다. 그러던 어느 순간, 그의 말투가 180도 바뀌었다.

"처음 전구를 만들어 팔던 무렵의 일이 생각났지요. 그래서 그 이야기를 했어요."

고노스케가 전구를 판매하기 시작했을 무렵, 당시의 전구는 도시바의 마쓰다램프가 최상품으로 평가받고 있었다. 고노스케는 마쓰다램프와 같은 가격을 책정하고 이 가격으로는 못 판다고 내키지 않아 하는 도매상에 "서쪽과 동쪽에 각각 요코즈나(일본 스모에서 최고의 씨름꾼. 우리나라의 천하장사와 같다)가 있기 때문에 스모계가 발전하는 겁니다. 마쓰시타를 서쪽의 요코즈나로 키워 주십시오. 부디 이 가격으로 판매해 주십시오"라고 간청하여 그 열의에 이끌린 도매상에 겨우 납품할 수 있었다. 그런 노력이 있었기 때문에 최상품 전구와 전기기구를 생산하여 판매할 수가 있었던 것이다.

눈물을 자아내는 드라마로 끝내서는 안 된다 

'지금까지 우리 회사가 이만큼이나 성장할 수 있었던 것은 모두 판매회사와 대리점 여러분들 덕분 아닌가. 기를 쓰고 팔아준 사람들 덕분에 우리 회사가 존재할 수 있었어. 철저하게 반성하고 깊이 감사해야 하는데 반성과 감사가 모자라서 이 지경이 된 거야. 종업원이나 간부만이 아니야. 이 사람들에게 가장 반성하고 가장 감사해야 할 사람은 바로 나 자신이야.'

고노스케의 눈에서 눈물이 흘러 내렸다. 할 말을 잃은 듯 손수건으로 눈물을 훔치자 야유가 사라지고 줄지어 앉아 있던 대리점 경영자 대부분이 손수건을 꺼냈다.

"여러분께서 손실을 보신 건 제 주의가 부족했기 때문입니다. 앞으로 거래와 기타 일체를 근본적으로 개선하여 여러분들의 경영 안정을 위해, 업계의 안정을 위해 성실해 노력하겠습니다."

그러자 어느 대리점 경영자가 일어서더니 이렇게 말했다.

"마쓰시타와는 단순히 돈으로 묶여 있는 게 아니오. 더 깊게 정신적으로 이어져 있습니다. 마쓰시타를 질책만 했는데 우리들에게도 문제가 있다고 생각합니다."

끝이 나지 않을 것 같던 회의는 3일째 끝났다. 눈물을 자아내는 일화지만 이것을 단순히 눈물의 일화로 끝내지 않는 게 바로 고노스케다.

"여러 가지로 송구스러운 말씀을 드렸습니다만 여러분들의 어려운 상황도 십분 이해합니다. 경영의 어려움도 잘 알았고 업계가 혼란스럽다는 사실도 이해했습니다. 판매나 제조, 업계에 대해서나 종업원 훈련에서도 여러 가지 문제점들이 드러나겠죠. 하지만 오늘까지 쌓아온 마쓰시타의 역량을 적절하게 행사하여 있는 힘껏 해결해 볼 생각입니다. 오늘 이렇게 모여주셔서 진심으로 감사드립니다. 대단히 고맙습니다."

거의 모든 참석자들이 눈물을 흘렸다. 잠시 동안 우레와 같은 박수가 이어졌으나 고노스케의 성이 차지 않았다. 또다시 연단에 올라 "이 정도의 찬성으로는 실행할 수 없습니다. 전원이 진심으로 찬성해 주셔야 합니다."

그리고 30분 정도 이야기를 이어갔다. 이번이야말로 전원이 터질 듯한 박수를 보냈다.

파나소닉은 매년 본사를 비롯해 전국의 공장, 영업소 등 모든 작업장에 슬로건을 내건다. 이는 사장이 생각하는 것인데 필자가 좋아하는 슬로건도 있는 반면 고개를 갸우뚱거리게 만드는 슬로건도 있다. 좋아하는 슬로건의 예를 들면 '상품을 연마하라', '개인을 살리고 개인을 묶는다', '파괴와 창조', '한 사람 한 사람이 창업자' 등이 있는데 그중에서 제일 공감 가는 슬로건은 '결정타를 날려라' 이다.

고노스케는 언제나 이 결정타를 날리는 걸 잊지 않는다. 보통 박수가 어느 정도 나왔다면 그걸로 충분하다고 생각할 것이다. '이 정도로는 안 된다', '더 진심이어야 한다' 고 이야기를 이어가는 것이 고노스케의 성격이다.

그리고 아타미회담 사흘째 되는 날, 고노스케는 판매회사, 대리점과의 관계를 보다 굳건히 하기 위해 손수 준비한 종이를 한 명 한 명에게 전달한다.

그것은 고노스케가 매일 조금씩 써서 모은 총 200장의 색지였다. 글귀는 '공존공영共存共榮'. 이 글귀야말로 당시 고노스케의 심정을 솔직하게 그리고 직접적으로 표현하고 있었다.

전광석화처럼 대책을 강구하다 

전광석화란 고노스케를 위해 존재하는 말이 아닐까? 3일간(7월 9일부터 11일)의 아타미회담이 끝나자 고노스케는 3년 만에 복귀를 발표한다. 그리고 병으로 요양 중이던 영업본부장 옆에 전용 책상을 준비하고 직책도 '영업본부장 대행'으로 진두지휘를 시작하였다.

'회장의 컴백'이라며 매스컴도 세상도 경탄했으나 고노스케는 이를 전혀 마음에 두지 않았다.

달력이 8월로 바뀌자마자 한여름의 이글이글 내리쬐는 햇볕에도 아랑곳하지 않고 170 군데의 판매회사, 대리점 경영자들에게 직접 짜내고 짜낸 개선책을 납득시키기 위해 전국순회를 시작하였다.

그 모습을 보니 물 만난 고기와 같았다. 이러니 창업자라는 인간들은 위기에 직면하면 할수록 힘이 솟는 괴물이라고밖에 표현할 길이 없는 것 같다.

"은퇴한 회장이라도 창업자는 도망칠 수 없어."

대규모 개혁은 세 가지다. 이 개선책 모두 아타미회담이 열리기 전부터 고노스케가 심중에 담고 있었던 것이다. 사장 이하의 경영진들에게 맡기지 않고 스스로 머리에 쥐가 날 정도로 고민을 거듭해 구상해낸 개선책이었다. 고노스케가 아니면 제안할 수 없는 내용이다. 이 세 가지 개선책도 철저하게 실시하지 않으면 머지않아 또 같은 사태가 벌어질 것이다.

'지금이어야 해. 올림픽이 끝나면 일본 경제에 큰 일이 벌어질 거야!'

고노스케는 이를 악물었다.

그럼 그 내용이란 어떤 것일까?

---

① 지역판매제도의 수정-1지역 1판매사 제도 철저히

② 사업부 직판제-사업부와 판매회사, 대리점과의 직거래

③ 새로운 월부판매제도 실시

위에 대한 설명을 덧붙이겠다. 우선 '지역판매제도의 수정'에 대해 설명하면 지금까지의 판매회사와 대리점은 자유롭게 어느 소매점에도 상품을 납품할 수 있었다. 이로 인해 같은 소매점에 상품을 판매하려는 경쟁이 치열했고 이 자유경쟁이 장사의 규율을 왜곡시키는 원인으로 작용한 것이었다.

"우리 상품을 들여 놓으세요. 저쪽보다 에누리해 드릴게요."

"그럼 우리는 더 깎아 드리죠."

"좋아요, 우린 그럼 사례금을 드리죠."

이런 식으로 할인경쟁이 횡행하였기 때문에 이익률이 점차 떨어지

는 것도 당연지사였다. 여차하면 이익 같은 게 전혀 나오지 않을지도 모른다. 하지만 그럼에도 불구하고 '매출계획 무조건 달성'을 위해 이익을 무시하거나 절대 팔리지 않을 걸 알면서도 소매점에 밀어붙이기 일쑤였다.

이런 행태가 계속 이어졌다가는 소매점의 경영능력이 땅에 떨어져 버릴 것이다. 소매점은 파나소닉뿐만 아니라 도시바, 히타치의 제품도 취급하고 있기 때문에 "마쓰시타는 도대체 무슨 꿍꿍이인지 모르겠어. 같은 회사끼리 제 살 깎기를 하고 있으니 말이야"라는 조소 섞인 비난을 받을 우려도 있었다.

고노스케의 대책은 다음과 같았다. 판매회사, 대리점별로 상권을 정해서 아무리 유력 소매점이라도 상권 밖이라면 거래할 수가 없도록 했다. 판매회사나 대리점이 서로의 영역을 침범하지 않도록 교통정리를 한 것이다.

물론 이에 대한 반대의견도 있었다. "우리는 부모님 대부터 저 대리점에서 물건을 들여왔다. 이제와서 듣도 보도 못한 판매회사와 거래하라니, 그건 죽으라는 소리다"라고 울며 애원하는 곳도 있었다. 하지만 고노스케는 정중하게 설득했다.

반면 "뭐, 마쓰시타 씨의 얼굴을 봐서 그렇게 하죠"라며 납득하는 경영자에게는 "그런 생각으론 안 돼. 진심으로 납득해야 한다"며 아타미회담 때처럼 다시 일장연설을 이어갔다. 이처럼 집요하리만큼 철저한 설득이 효과를 발휘하여 부모 대대로 이어온 거래상대마저도 바꾸게 되는 과감한 개혁에 성공한다.

오사카는 고노스케가 담당하고 도쿄는 다른 임원이 담당하여 빠르게 일을 추진하였다.

두 번째 항목인 '사업부 직판제'란 사업부와 판매회사, 대리점 사이에 끼어 있는 영업소를 폐지하고 향후 사업부가 직거래할 것을 결정한 사항이다. 기존에는 각 사업부가 자사제품을 영업소에 납품하면 영업소에 전 제품이 모이고, 그 영업소가 판매회사, 대리점에 상품을 납품하는 형식이었다. 영업소는 상권이 정해져 있었으나 동일 상권 내에 복

〈 아타미회담 후의 체제 변경(1964년) 〉

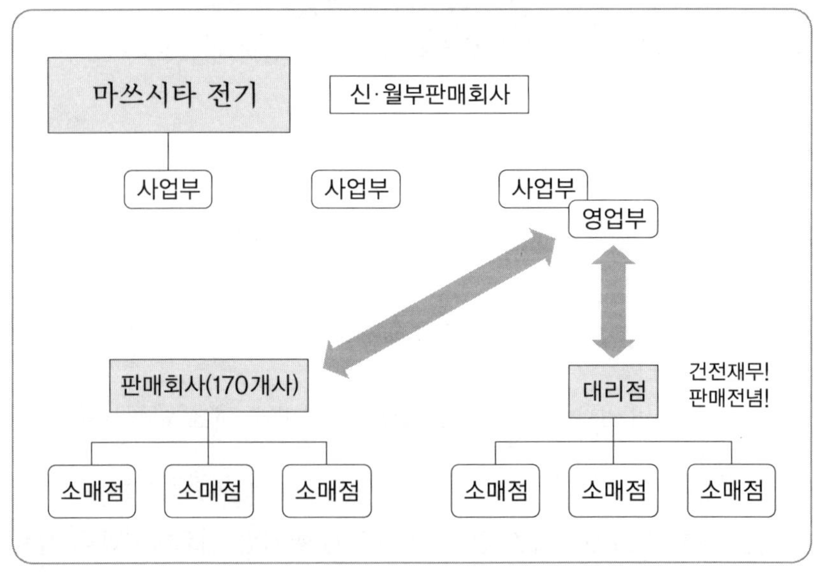

수의 판매회사, 대리점이 있는 탓에 이 또한 덤핑 등의 혼란을 파생시켰다.

이렇게 고노스케는 아타미회담에서 수면 위로 떠오른 시스템의 모순을 하나하나 해소해 나갔다.

300억 엔을 하수구에 버릴 각오

모순 해소의 끝은 어음거래였다. 물론 어음거래가 나쁜 것만은 아니지만 안일하게 어음을 발행하니, 그게 문제라는 것이다.

어쨌든 자본금 500만 엔의 판매회사가 1억 엔의 어음을, 대리점 한 군데에 24억 엔의 어음을 발행하고 있다는 사실이 아타미회담에서 밝혀졌다.

상식적으로 생각하면 거래를 중단하고 상품을 회수해야 한다. 장사는 대금을 회수했을 때 비로소 완료되기 때문이다. 외상만 늘어난들 흑자도산이 기다리고 있을 뿐이다. '다들 이렇게 제멋대로 하다니…….' 고노스케도 틀림없이 골머리를 앓았을 것이다.

어음을 기일 내에 지불할 수 있을까? 만약 못한다면 이 부실채권은 누가 책임져야 할까? 물론 결국에는 파나소닉이 책임을 져야 한다. 한 곳이라면 어찌 해보겠으나 판매회사는 전국에 170곳이나 된다. 그 중 흑자는 고작 20여 곳, 나머지는 적자라고 판명되었다.

도대체 부채가 총 얼마나 되는 걸까? 수십, 수백이라면 파나소닉까지 위험해지고 만다. 모든 문제의 근원은 어디에 있을까? 파나소닉의 밀어붙이기식 판매? 아니, 분명 근본적인 제도에 결함이 있다. 그럼 그것을 찾아보자.

'안일한 어음거래가 모든 문제의 근원이야. 어음거래가 없어도 되는 시스템을 강구해야 해.'

판매회사와 대리점은 재고가 있는 한 신제품을 받으려고 하지 않는다. 이에 고노스케는 판매회사, 대리점에서 재고를 전량 회수하도록 했다. 그 다음에 내놓은 대책도 절묘했다. 소매점이 대금을 현금으로 지불하면 판매장려금을 지급토록 했다. 아울러 월부판매 채권도 사들였고, 이를 위한 판매회사도 설립하도록 했다. 매출채권을 파나소닉(지역별 월부판매회사)이 사들이면 소매점은 현금 지불이 가능해진다. 그렇게 되면 당연히 판매회사, 대리점도 파나소닉에 현금으로 지불할 수 있게 될 것이다.

파나소닉의 입장에서 보자면 자신이 판 상품을 일시적으로 사들이는 것과 같다. 하지만 이를 실시하지 않으면 안일한 어음거래를 근절할 수 없다.

'이 제도를 실행하기 위해 꽤 많은 자금이 필요해. 매출은 30% 정도 감소할 거야. 이익은 2년간 전무하겠지. 300억 엔을 하수구에 버리는 셈이야. 하지만 그 정도로 해결된다면야 싼 편이지. 3년이 걸릴 지도

몰라. 하지만 모든 것을 잃는 것보단 이게 낫지. 뒷심을 발휘할 수 있을 거야.'

고노스케는 자본금 30억 엔의 월부판매회사를 설립하였다. 이 정도의 회사라면 100억 엔은 대출받을 수 있으니 합해서 130억 엔을 준비할 수 있다. 그런데 실제로는 지방은행이 거의 전액을 협력해 주었다. 마쓰시타은행이라는 별명으로 불리는 파나소닉과 거래할 수 있다는 이점을 높이 산 것인지도 모른다.

다행히 소매점, 판매회사, 대리점 모두 이익을 올리기 시작했다. 얼마나 돈을 쓰는지 모르는 탓에 모두 절약부터 실천하였다. 판매경비를 4%에서 1%로 줄여서 차액 분은 판매회사, 대리점, 소매점, 소비자에게 환원했다. 컴퓨터의 사용까지 금지시켰다.

"컴퓨터 사용을 금지시킨 건 당일 보고하기 위한 조치입니다. 매출이 어느 정도고 이익이 얼마인지, 그 정도는 컴퓨터를 사용하지 않아도 알 수 있어요. 컴퓨터를 사용하면 120만 엔에서 130만 엔이 드니 이를 절약할 수 있죠.

보고서도 줄였지요. 달마다 작성하는 보고서가 240종이나 되었어요. 왜 이게 필요한지 누가 읽는지 작성하는 쪽도 힘들고 읽는 쪽도 힘들죠. 그렇다고 도움은 되고 있는가? 그렇지 않아요. 그러니까 보고하지 않으면 내일 회사가 망할 정도로 중요한 안건만 하게 했죠. 모레 망할 정도라면 보고하지 않아도 된다고요."

순식간에 보고서가 42종으로 줄었다. 이런 절약이 결실을 맺어 300억 엔이나 수익을 올렸다. 2년 동안 300억 엔을 버릴 작정이었건만 오히려 1년 사이에 300억 엔의 이익을 올렸다.

고노스케에게 좋아하는 말을 꼽아달라고 묻자 '다스려질 때 어지러워짐을 잊지 않는다(『역경』)'라고 했다. 평온할 때야말로 위기가 내재되어 있으니 절대로 방심해서는 안 된다는 뜻이다. 위기는 호황 속에서 존재하므로 호황 때 위기의 싹을 잘라두어야 한다. 역으로 말하면 위기 때야말로 기회가 존재한다는 뜻이기도 하다.

파나소닉에게 1964년의 위기는 실로 '사변에 가까운 커다란 위험'이었다고 생각한다. 그래서 고노스케는 영업본부장 대행으로 현역에 복귀했다. 경영자가 위기의 싹을 눈치채고 적절한 조치를 취해 빠르게 극복한 셈이다. 그리고 이듬해 1965년이 되자 V자 회복을 달성했다.

그러면 당시 여타 대기업, 제조업, 전기업체의 상황은 어땠을까? 파나소닉과 달리 안정적이었을까?

전혀 그렇지 않았다. 사토 내각이 2차 세계대전 이후 최초로 적자국채를 발행한 해는 1965년이었다. 야마이치증권의 경영위기로 일본은행 특별구제융자가 발동된 해도, 산요특수제강, 선웨이브가 도산한 해도 같은 해다. 도시바, 니혼전기, 히타치제작소 등 대형 전기업체는 한동안 침체를 면치 못한다. 이른바 '쇼와40년(1965년) 불황'이라고 불리는 것이다.

대부분의 일본 기업이 '쇼와40년 불황'의 고통에 빠져 있는 가운데 파나소닉만은 재빨리 탈출하여 공전의 이익을 올렸다.

그것이 가능했던 이유는? 치이불망란治而不忘亂 즉, 다스려질 때 어지러워짐을 잊지 않았기 때문이다.

양판점과 소매점의 판매력을 어떻게 강화할 것인가 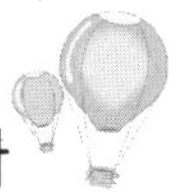

사족이란 걸 알지만 한마디 덧붙이고 싶다. 파나소닉 이상으로 고노스케가 애지중지 키운 것은 '내쇼날숍'이다.

1935년에 그는 연맹점제도를 출범시켰다. 2차 세계대전 직후 혼란기에는 한때 중단되기도 했으나 1949년에 부활해서 이후 '숍점제도'로 발전해 갔다.

파나소닉은 1980년대 최전성기 시절에는 2만 7,000곳에 달하는 소매점망을 거느리고 있었다. 이 거대 판매망의 이점은 파나소닉에게는 어마어마했다. 냉장고를 완성하면 숍에 1대씩만 해도 2만 7,000대나 납품할 수 있었기 때문이다.

제아무리 최첨단을 달린다한들 소니도 모르모트(소니가 만든 제품을 보고 좋다고 생각되면 큰 기업체가 가로채 시장을 잠식하는 현상을 실험실에서 사용되고 버려지는 모르모트에 빗댄 표현)라는 야유를 받던 시절이 있었는데, 소니의 판매점은 파나소닉의 10%밖에 되지 않았기에 판매루트가 절대적으로 적었다. 세계 제일의 소매판매 네트워크를 거느린 덕분에 파나소닉은 점유율 경쟁에서 유리한 고지를 선점할 수 있었다. 하지만 경쟁 없는 곳에 마케팅 기술 향상이 따라오지 않는다. 마케팅 기술은 연마하지 않은 채 빨리 저렴하게 제조하는 능력만이 높이 평가되어 왔다.

이런 상황이 시대와 함께 크나큰 변모를 거듭하고 있었다.

지금은 숍점 네트워크가 1만 7,000점까지 줄어든 상황이고 한 점포당 연매출도 평균 2,000만~3,000만 엔이다. 한편 가전양판점의 경우 야마다전기 한 회사만 해도 연매출이 1조 엔이나 된다. 파나소닉의 국내 가전 판매액에 버금가는 금액이다.

숍점 네트워크와 가전양판점의 매출 추이를 비교하면 해마다 가전양판점은 증가하고 숍점은 계속해서 감소하고 있다. 1980년대에는 숍점이 매출의 50% 이상을 차지하고 있었으나 2000년대에 들어서면서 40% 미만으로 떨어졌다(일본 제조업체 평균은 14%). 가전양판점은 1980년대에는 20% 미만이었으나 2000년대에는 60%까지 성장했다.

고노스케가 구축한 '숍점 네트워크를 지켜야만 한다'는 명분과 그렇기는 하나 '이미 양판점 시대로 바뀌었다'면 어느 쪽을 우선해야 할까? 이러한 갈등이 파나소닉에는 있었을까, 없었을까?

듣기로는 숍점 네트워크를 뒷받침하는 지원액이 리베이트만 해도 연간 1,000억 엔(1994년도) 이상이라고 한다. 이는 파나소닉의 경상이익(870억 엔)을 훨씬 웃도는 금액이다.

이는 무엇을 의미하는가? 숍점 네트워크에 대한 지원을 전개해도 성과가 적으니 그 경비를 양판점 대책에 돌리는 편이 낫다고 주장해도 큰 무리가 없다는 뜻이다.

하지만 매출지상주의의 양판점 경영자가 아타미회담에서 눈물을 흘리며 파나소닉을 응원했을 리 만무했다. 게다가 현장 할인을 감안하면 숍점과 비교하더라도 거의 이점이 없다. 숍점 쪽이 저렴한 상품도 많고 신상품도 더 빨리 구입할 수 있었다. 이 이점을 최대한 살린다면 승산은 있다.

2003년, 의욕에 넘치는 약 5,000 군데의 소매점을 '슈퍼 프로숍 제도'로 인정한다. 이는 숍점끼리를 한 그룹으로 묶는 게 아니라 어디까지나 판매회사와의 커뮤니케이션을 긴밀히 하자는 의도에서 나온 제도다. 중점 상품의 판매실적에 부응한 리베이트, 전용상품의 공급, 4분기별 상담회 실시 등 회사가 경영에도 개입하는 관계를 구축했다. 그야말로 '공존공영'이다. 가맹점만을 살펴보면 역시 고급가전이 많이 팔렸다. PDP TV의 경우, 숍점이 점유율 2위로 제조업체 전체를 능가하는 매출을 올렸던 것이다.

양판점의 경우, 어디까지나 대량납품을 전제로 한 마케팅을 추진하고 있다. 예를 들어 일괄납품가격의 협상이라든가, 래더가격(단계별 가격-판매수량에 비례하여 납품가격이 감소)의 제안 등을 통해 네트워크를 구축하고 있다. 숍점 네트워크에 대해서는 매출 공헌도별 인센티브 부여와 상인 교육, 후계자 교육 등과 같은 포괄적인 커뮤니케이션에 대한 제안이 있어야 한다.

가전은 개인에서 가정으로, 가정에서 거리로, 거리에서 도시로, 도시에서 국가로 진화와 확대를 거듭하고 있다. 회사조직으로서 다가올 미래를 내다보고 대응하는 마케팅이 절실하게 필요하다.

자네, 우동가게 차려도 되겠네

고노스케에게는 '경영의 신' 이라는 별명이 따라다닌다. 처남과 함께 단 둘이서 창업하여 세계적인 일류 기업으로 성장시켰으니 '경영의 신' 이라 불릴 만하다.

하지만 그뿐만이 아니다. PHP운동을 전개하고 마쓰시타정경학원을 개설한 점에 초점을 맞추면 '사회개혁가', '계몽가' 라는 호칭이 어울릴 듯하며, '신뢰' 라는 끈으로 묶은 내쇼날숍점이라는 강력한 판매 네트워크를 구축한 점에서는 '판매의 귀재' 라고도 불릴 만하다.

필자가 고노스케를 표현한다면 '기술자', '발명가', '제조업의 달인', 그리고 '최고의 카피라이터'라는 직함을 바쳐도 좋지 않을까 생각한다.

아직 CI(Corporate Identity: 기업 이미지 통합)라는 단어조차 생소하던 시절에 젊은 이우에와 사전에서 찾아낸 '내쇼날(1927년 명명)'이라는 브랜드명은 세련되기 그지없으며, 소액의 자금을 투자하기 위해 삼일 밤낮을 자지 않고 고심을 거듭한 끝에 완성한 신문광고의 '사서 안심, 사용해서 편리한, 내쇼날램프'의 세 줄 문안은 명카피라이터로서의 자질을 증명해주고 있다. 또 젊은 종업원들이 판매하러 돌아다닐 때 상대방이 "자네 회사는 무엇을 파는 곳인가?"라고 물으면 다음과 같이 대답하라고 했다.

"마쓰시타전기(당시)는 사람을 만드는 곳입니다. 그와 함께 전기제품을 만들고 있습니다."

고노스케도 자신이 한 이 말에 대해 꽤나 흡족해 했다고 한다.

사업은 사람이 하기 때문에 사업에 있어서 사람을 키우는 것은 무엇보다 중요하다. 인간으로서 미성숙한 사람은 사업도 성공할 수 없기 때문이다. 기술, 자금, 신용은 빈약할지 모르나 인재육성에 대해서는 어느 회사보다 노력한다는 자부심이 고노스케와 종업원들에게는 공통된 원동력으로 작용했다.

파나소닉 본사 입구에는 마쓰시타 고노스케 역사관이 있고 그 앞에는 동상이 서 있다. 1987년 고노스케의 92세 생일을 축하하며 노동조합이 기증한 것인데 명판에는, "마쓰시타 고노스케는 '제품을 만들기 전에 사람을 만들라'는 일관된 신념으로 '대립과 조화'의 정신에 입각하여 건전한 노사관계의 발전에 이바지했다"고 새겨져 있다.

그만큼 사람을 소중하게 생각하고 인재를 키우는 데 심혈을 기울였던 것이다.

어느 날 고노스케는 "사업에 실패하시면 어떻게 하시겠어요?"라는 질문을 받은 적이 있다.

"그때는 우동가게를 차릴 겁니다. 어느 가게보다 맛있는 우동을 만들어 기필코 손님들이 기뻐하는 가게를 만들 겁니다."

그 후 몇 번인가 비슷한 질문을 던졌는데 그때마다 언제나 같은 대답이었다. 맨주먹으로 다시 시작하겠다는 자세는 평생 변함이 없었던 듯하다.

이 입버릇은 자신에게만 해당되는 게 아니었다. 경영간부들에게도 종종 "자네, 우동가게 차려도 되겠어. 내가 키웠으니까 말일세"라고 말하곤 했다.

우동가게에도 경영은 존재한다. 우동가게를 성공시키기 위해서는 우선 재료가 좋아야 한다. 그리고 가격은 경비와 목표를 감안하여 결정하거나 시세대로 팔 수도 있지만 적자를 내지 않도록 책정해야만 한다.

비가 내릴 때와 화창할 때는 습도가 다르므로 면을 반죽하는 방법도 미묘하게 달라질 것이고 기온의 차에 따라 국물과 면도 다르게 준비해야 한다. 추울 때는 많이 나갈 테니 넉넉하게 준비하고 더울 때는 빠듯하게 준비하여 손님이 들고나는 추이에 따라 추가해야 한다.

"오늘 우동은 어떠신가요?, 맛있나요?"라고 손님에게 확인하는 것도 중요하며 청결을 유지하고 접대방식도 차별화해야 한다. 계산에 시간을 뺏기지 않도록 동전도 미리 준비해 둔다. 입소문이 나면 2호점을 내거나 점원을 고용할 필요가 있을지도 모른다.

우동 한 그릇 파는 데도 이 정도의 스킬이 필요하다. 이 스킬들을 경영용어로 바꾸면 자금 확보, 소재 결정, 가격 결정, 시장의 연구, 제조공정 관리, 계획 생산, 마케팅, 타깃팅, 생산 조정, 판매, 품질 관리, 청취 조사, 현금 회수와 관리, 선전, 확대 판매, 인재 채용, 노무 관리…… 이야기하자면 한이 없으나 이들을 총칭하여 '매니지먼트' 라 부른다.

"자네, 우동가게 차려도 되겠어. 내가 키웠으니까 말일세"라는 말은 고노스케가 할 수 있는 최고의 칭찬인 것이다.

여기에는 경영자로서 그 사람을 인정하며, 고노스케 자신의 비법을 모조리 전수했다는 메시지가 담겨 있다. 그런 까닭에 고노스케는 꼭 이런 말을 덧붙였다.

"자네는 좋겠어. 회사가 망해도 먹고 사는 데는 걱정이 없으니까 말일세. 그러나 자네 회사 종업원은 그렇지 않네. 자네가 멍청한 짓을 했다 간 길거리에 나앉게 된다네. 이 말을 늘 명심하게나."

고노스케가 준 참으로 기묘한 선물 

지금까지의 이야기에서도 눈치챘으리라 생각하지만 고노스케의 꾸 중법과 칭찬법은 대단히 훌륭하다. 이미 머릿속으로 계산된 것이 아닌 가 의심이 들 지경이다. 실제 필자는 여기에 대해 물어본 적이 있다.

"계산을 할 수 있을 만큼 머리가 좋지 않아요. 더욱이 꾸짖어야 할 때 는 부하 직원들이 미워도 그리 미울 수가 없습니다. 진지하게 꾸짖다 보면 피가 거꾸로 솟아 오르죠. 그런데 끓던 피가 식으면 눈앞의 부하 직원이 가엾게 느껴져요. 우리 회사에 와 줬는데, 열심히 일해 주고 있 는데, 나 같은 사람을 믿고 따라주고 있는데, 그러면 이번에는 어떻게 위로해 줄지 생각하게 됩니다.

만약 내가 사람을 부리는 데 탁월하다면 그건 분명 배움이 짧기 때문 이겠죠. 신입사원도 저보다 머리가 좋을 겁니다. 꾸짖을 때도 이 사람 은 나보다 대단하다는 생각을 하곤 합니다."

예전에 고노스케의 경영이념을 파나소닉의 간부와 타사의 경영자 에게 전달하는 일을 한 적이 있다.

아직 20대 중반 무렵이었던 걸로 기억하는데 그때 고노스케의 어록을 두루두루 공부했었다.

"저 사람은 총 점수가 나보다 높아요."

이는 고노스케가 니와 마사하루를 평가한 말이다. 니와 마사하루는 이미 소개한 바와 같이 고노스케의 측근 중의 측근으로 과거 마쓰시타 전공의 사장, 회장을 역임한 인물이다. 고노스케는 자기 아래에 있는 부하 직원을 모두 대단하게 바라본다. 누구를 보더라도 자신보다 많이 배웠고, 지식과 재능이 있고 게다가 젊으니 대단하게 보는 것이다. 부분적으로는 분명 창업자이고 자신이 더 잘하는 게 있을지도 모르나 총 점수에서는 자신보다 높다는 생각이 뿌리깊게 박혀 있었던 듯하다.

1954년, 후쿠오카시청의 직원이 파나소닉을 방문했다. 용건은 브릿지스톤 공장터(1만평의 토지와 철근 5층의 건물공장, 4,300평의 목조공장)를 파나소닉이 승계 사용하여 지역개발에 협력해 달라는 요청이었다. 이듬해에도 오사카까지 찾아와 간청하자 고노스케는 마침내 인수를 결정한다.

이를 위해 파나소닉의 젊은 사원들 중 13명을 선발하였다. 다카하시 아라타로의 자별사는 '두 번 다시 돌아올 생각하지 마라'였다. 그곳의 인간이 된다는 각오로 임하지 않는 한 사업은 성공할 수 없다는 충고인 셈이다. 파나소닉은 자본금에 대해 매달 1%의 금리를 사업부에 요구하는데 이는 매달 말일까지 납부해야 한다. 그렇다고 이를 위해 필요한 운영자금은 일절 출자해 주지는 않는다. 사업부의 내부유보로 충당해야 한다. 고노스케가 철저하게 관철한 자주책임 경영이란 실로 이러한 것이었다.

고노스케가 작별할 때 건넨 선물은 가정용 펌프 사업(우물용)이었다. 당시, 일본 전국에는 수백만 개의 우물이 있었는데 대부분 두레박과 나무통으로 물을 퍼 올리고 있었다.

전기펌프 제품이 아직 널리 보급되기 전이었고 창업 직후 이 제품을 판매하여 사업자금을 벌었다(이 회사가 규슈마쓰시타전기다. 회사는 분할, 재통합을 거쳐 파나소닉커뮤니케이션즈에서 현재 파나소닉시스템네트워크로 바뀌었다).

고노스케의 작별 선물은 또 하나 있었다. 그것은 사람을 부리기 위한 핵심에 대해서였다. 고노스케가 아니고서는 도저히 상상할 수 없는 기묘한 선물이다.

"종업원이 적을 때는 모두에게 두루두루 마음을 써야 하네. 100명을 넘으면 부하 직원에게 마음을 써줄 간부를 양성해야 해. 500명을 넘으면 모든 사람에게 절하는 심정으로 대해야 한다네."

그곳에 경영자로서 파견한 인물은 당시 아직 약관의 나이인 아오누마 히로지(훗날 파나소닉의 명예고문)였다. 그는 기대에 훌륭히 부응하여 규슈마쓰시타전기를 튼튼한 기업으로 키워낸다.

경영자의 임무는 결단을 내리는 것이다. 결단을 내렸다면 다음에는 종업원들이 일하기 편한 환경으로 정비해 주어야 한다. 무엇보다 종업원이 늘어나면 두루두루 신경써주지 못하고 직접 지시를 내리지 못한다. 그때 경영자가 할 수 있는 일이란 '당부드린다', '부탁합니다' 라고 말하는 것뿐이다.

고노스케는 언제나 머리를 숙였다. 창업 당시에는 나이 어린 점원밖에 부탁할 사람이 없어 머리를 숙였다. 공장을 차릴 때도 '부디 잘 해주게', '부탁해' 라며 머리를 숙였다.

일을 잘한다고 생각하는 경영자일수록 종업원에게 맡기지 않는다. 종업원을 지도할 여유가 있다면 직접 하는 편이 편하고 순조롭기 때문이다. 하지만 그렇게 해서는 결국 사람을 키울 수가 없다. 시켜보고 맡겨봐야 한다. 때로는 실패할 걸 알면서도 일부러 시켜봐야 한다. 그렇지 않으면 아랫사람은 진정한 역량을 습득하지 못한다.

머리를 숙이는 심정으로 종업원을 부리는 진의는 '자신의 역량을 과신하지 마라', '사람들의 지혜를 결집했을 때야말로 역동적인 일을 할 수 있다', '종업원에 대한 감사의 마음을 잊었을 때 그 오만한 마음에 발목을 잡힌다', '겸허하면서 솔직한 마음이 경영자에게 제일 중요하다' 는 메시지를 담고 있다.

사람의 의욕을 북돋는 마법의 언어

고노스케는 많은 사람들의 지혜를 모으기 위해 노력한다. 몇 가지

구체적인 사례를 살펴보자.

히구치 히로타로(아사히맥주 사장, 회장을 역임)가 아직 스미토모은행(현 미쓰이스미토모파이낸셜그룹)의 이사였던 시절의 일이다. 스미토모는 파나소닉의 주거래 은행인 만큼 고노스케를 만날 기회도 많았던 듯하다.

그가 밝힌 회의에 얽힌 일화를 살펴보자. 고노스케가 참석할 정도이니 중요한 안건을 다루고 있던 회의였다. 회의하는 모습을 가만히 보고 있던 고노스케가 한마디를 던졌다.

"자네들, 내가 가방끈이 짧다는 걸 알고 두 번이나 영어를 쓴 거지? 마음에 들지 않는군. 자네들만 회의하라고. 나는 좀 쉬겠네."

파나소닉 본사 부지 내에는 병원이 있어 고노스케는 그곳에 방을 준비하고 주중에는 그곳에서 출퇴근했다.

잠시 후 고노스케가 회의실로 돌아왔다.

"어찌 되었나? 조금 진전이 있었나?"

"안 계시는 동안 이런 제안이 나왔습니다."

"아, 그래? 잘되었군. 허나 무언가 부족한데. 오늘은 이쯤에서 마치지. 내일 계속 하자고."

이튿날도 다른 사람의 의견을 가만히 듣고 있을 뿐. 입도 뻥긋하지 않았다. 이걸로 세 번째다.

'지혜의 펌프는 퍼 올릴수록 말라 버린다.'

이는 고노스케의 평소 지론이 녹아있는 행동이다.

다음은 히로타로가 스미토모 은행에서 이사로 재직할 때 보고 느낀 고노스케에 대한 평이다.

"이렇게 하라, 저렇게 하라고 먼저 결론을 내리지 않아요. 끈기 있게 몇 번이나 질문을 반복하고 담당자들이 생각하도록 만들죠. 하나의 결론이 나올 때마다 아랫사람의 공로를 치하합니다. 그런데 그 칭찬이라는 게 단순한 겉치레가 아니에요. 진정으로 감탄을 하며 칭찬을 합니다. 그게 바로 고노스케의 대단한 점이라고 생각합니다.

칭찬을 잘해서가 아니라, 그런 칭찬을 통해 진정으로 아랫사람에게 고마워하는 거죠. 사실 그 사람만큼 주위 사람들에게 감사할 줄 아는 사람이 없었어요. 또 그 사람만큼 만족을 모르는 사람도 없습니다. 창업 시절에는 모든 것을 직접 결정하고 종업원에게 명령하는 게 일반적이었죠. 사장이니까 당연한 일이죠.

하지만 상담역(1973년)을 맡은 후로는 책임이 발생할 것 같은 명령은 일절 하지 않고 부하 직원이 고민할 수 있도록 방향만 설정해 주었다고 합니다. 여기에는 상당한 노력이 필요하지 않았을까요? 무심코 끼어들고 싶은 게 사람이니까요."

사람을 키울 때 제일 힘든 점은 '가만히 기다리는 것'이 아닐까. 노파심일 수도 있지만 부하 직원에게 한마디 주의를 주고 싶어진다. 하지만 그것이 성장의 저해 요인임을 본인은 깨닫지 못한다.

1978년 무렵의 마쓰시타 고노스케

넘어지기 전 지팡이가 있으면 편하다. 하지만 넘어지기 전 지팡이를 버리지 않으면 사람은 성장할 수가 없다.

고노스케의 입버릇 중 그가 가장 많이 썼던 말은 '결론부터 말하면' 이라는 말과 '자네, 어떻게 생각하나?' 라는 두 마디였다. 듣는 이가 쉽게 이해할 수 있도록 '한마디로 말하면' 이라는 의미로 '결론부터 말하면' 을 자주 사용했다.

"자네, 어떻게 생각하나?"

이 말은 자신이 없어서 타인의 의견을 들으려 했던 것일까? 돌다리도 두드린 다음 건널 만큼 신중한 성격이므로 폭 넓게 의견을 구하기 위함이었을지 모른다. 또 공부를 열심히 하고 있는지를 검사하기 위해서 였을지도 모른다.

하지만 이 질문은 상대방에게 더 공부하도록 동기부여를 주는 마법의 언어다. '자네, 어떻게 생각하나?' 라는 질문을 받으면 의견을 말해야 하니 덕분에 생각이 정리된다. 만족할 만큼 대답하지 못했다고 생각하면 다시 세세하게 조사했다.

"이 전의 건인데요……"

"아, 그거? 어떻게 되었나? 그래, 좋은 걸 배웠군. 공부가 되었겠어."

스스로 공부하고 조사한 것에 대해 이렇게 기뻐해 주면 더 조사하고 싶어지고, 더 공부하고 싶어진다. 만약 당신이 상대방에게 "자네, 어떻게 생각하나?"라는 질문을 하더라도 "그런 것도 모르냐"며 무시당할 일은 없을 것이다.

그러기는커녕 이야기를 잘 들어주는 사람이라고 감사의 말을 들을 것이다. 자신의 말이 존중을 받는다면 누구나 기쁘다. 그날부터는 묻지 않아도 갖가지 정보를 가지고 올 것이다. 그리고 그 사람은 당신의 팬이 된다. 인간이란 본래 그런 존재다.

질문 공격을 하는 이유

파나소닉의 대선배가 도요타자동차를 담당하고 있던 때의 일이다. 고노스케를 나고야에서 도요타 본사까지 모시고 가는데 고노스케는 거리를 지나며 보이는 모든 것에 대해 일일이 질문했다고 한다.

"저건 뭐야?', '이것은?', '여긴 누구 땅이야?"

이때는 정말이지 질려 버릴 정도로 질문이 많아 도착할 무렵에는 녹초가 되었을 정도였다. 대답을 못하면 "자네, 도대체 여기서 몇 년이나 일했냐!"며 나무라기도 했다. 오는 내내 고노스케에게 질책을 들었던 것이다.

그 선배는 그날 일이 몹시 분해 고노스케가 다음 나고야를 방문했을 때는 모조리 대답할 수 있도록 사전에 준비했다. 같은 길을 부하에게 운전시키고 "저건 뭐지? 이것은?"이라며 차례차례 질문을 던졌다고 한다. 대답을 못하면 "자네, 도대체 여기서 몇 년이나 일했냐"라는 나무람도 똑같았다고 한다.

완벽하게 예습을 마친 1개월 후, 이윽고 기다리고 기다리던 기회가 찾아왔다. 목적지는 이전과 같은 도요타 본사. 그런데 고노스케는 도통 질문하지 않았다.

명예회복의 기회가 올 것이라고 생각해 만반의 준비를 했는데 질문이 없었다. 어쩔 수 없이 마음대로 "저것은 ○○입니다, 이것은 ○○입니다"라고 설명을 시작하자…….

"자네, 미안하네만 잠시 생각할 게 있어서 말이야. 조용히 좀 해주겠나?"

그 선배는 어깨가 축 쳐졌다. 하지만 고노스케는 차에서 내릴 때 "자네, 공부를 아주 많이 한 듯하군. 대단하네"라고 생긋 웃으며 칭찬해 주었다고 한다. 그 이후 그 선배는 어느 상권을 담당하더라도 길이면 길, 도로면 도로, 모두 연구했다고 한다. 물론 언제나처럼 부하를 데리고 다니면서 말이다.

"저건 뭔가?", "이것은?", "여긴 누구네 땅이야?"

이상하게도 지방의 땅이나 공터 등 부동산정보를 장악하면 그곳에 어떤 비즈니스 찬스가 숨어 있는지를 분명하게 알 수 있었다.

가령 공터가 있다고 치자.

"누구네 땅인가?"

"○○ 회사 소유입니다."

"아, 그래? 여기에 뭘 세우는 건가? 이미 결정되었나? 아직 시작하지 않았군. 공사가 시작되기 전에 자재, 공조, 엘리베이터 계약 모든 게 정해지지. 좋아, 지금부터 대비하자고."

이런 식으로 점차 영업을 확장하였고 덕분에 실적도 급상승했다고 한다.

'그렇군! 대장님(고노스케)은 이런 것을 가르쳐주고 싶었구나.'

아마 지금도 어디선가 그의 몇 대째 아래 후배가 그때와 같은 일을 되풀이하고 있을지도 모른다.

"저건 뭔가?", "이것은?", "여긴, 누구네 땅이야?"

제8장
성공의 비결은
무리하지 않는 거야

- 철저하게 묻고, 진지하게 묻는다
- 무서움을 아는 것
- 인간으로서의 미숙함을 깨달은 사건
- 회사를 일으키는 사람과 망치는 사람은 종이 한 장 차이
- '회사는 공기公器'라는 말은 무엇을 뜻하는가
- '댐 경영'의 궁극적인 뜻은 무엇인가
- 외환리스크를 방지하는 파나소닉의 경영법
- 고노스케의 운명관
- 운이 좋은 사람, 운이 나쁜 사람

철저하게 묻고, 진지하게 묻는다 

2008년 9월 15일에 터진 리먼 사태는 세계경제의 상황을 180도 바꾸어 버렸다. 후대 역사가들은 틀림없이 과거의 세계공황 이상의 금융위기라고 평가할 것이다.

미국의 투자은행은 메가뱅크에 흡수되어 사라지거나 파산하고 말았다. 금융기관의 부채는 국가 부채로 이어져 전 세계적으로 번졌다. 그 결과, 소버린리스크(국채부도 위기)가 고조되고 그리스, 아일랜드 등은 디폴트(채무 불이행)가 우려되었다.

과거 안전성으로 유명하던 스위스의 은행들도 신용이 땅에 떨어졌다. 스위스 최대의 금융기관인 UBS는 금융위기의 원인이 된 서브프라임 모기지 사태를 총괄하고 왜 자신들이 막대한 손해를 보았는지에 대한 분석과 반성을 이해관계자들에게 제출했다.

분석의 결과, 패인은 아래의 세 가지로 요약된다.

① 장기간에 걸쳐 손실을 본 적이 없었다는 점

② 리스크 분석을 소홀히 한 점

③ 분석가와 진지하게 정보 교환을 하지 않은 점

그럼 만약 지금 세상에 고노스케가 살아 있다면 과연 어떤 말을 했을까? 이 분석 결과를 듣고 어떤 반응을 나타냈을까?

"어떻게 본인의 대에서 이 거대 회사를 일굴 수 있었다고 생각하십니까?"

고노스케는 이 질문에 대해 수백 번, 수천 번, 아니 사람을 만날 때마다 자주 들었다. 과연 고노스케는 어떤 대답을 내놓았을까?

"그거야, 무리를 하지 않았기 때문이라네."

무리하지 않는다. 고노스케만큼 무리하지 않는다는 원칙을 철저하게 관철한 인간은 없을 것이다. 자기 자신에 대한 평가에서도, 파나소닉이란 회사에 대해서도 과소평가라고 할 수 있을 정도로 겸손하게 자신을 낮추었다.

예를 들어 본인의 적성을 어떻게 발견했느냐는 질문에 다음과 같이 답했다.

"일을 시작할 때, 이것이 나에게 맞는지, 내 회사에 맞는지, 그것을 할 만한 역량이 있는지를 언제나 자문자답하지요. 그거야, 당연히 꼭 해보고 싶다고 생각한 적도 많았죠. 하지만 하고 싶은 것과 해도 좋을 것은 역시 다른 문제라고 생각합니다."

하지만 곰곰이 생각하고 고민을 거듭해도 아직 받아들일 만한 역량이 안 된다고 판단하면 고노스케는 "즉시 그만둔다"고 답을 했다. "그렇지만 적성에 맞고 가능성이 보이면 추진합니다"라는 말을 덧붙였다.

물론 고노스케가 늘 올바른 판단만 했다고 단언할 수는 없다. 제아무리 '경영의 신'이라도 판단을 내리지 못할 때도 있고 또 적성에 맞는지 여부를 몰랐던 적도 있었다. 그럴 때는 어떻게 대처했을까? 고노스케는 주위에 진지하게 물었다고 한다.

"그만둬. 거기까지 확장했다간 위험해."

'아, 들어 보니 그렇군' 하고 납득이 되면 바로 중단해 버린다. 그만두라는 말을 들어도 하고 싶을 때면 고노스케는 다른 사람에게 다시 한번 물어본다. 또 같은 대답을 들었다면? "자신이 없어서 물었던 것이니 이건 그만두자"라고 말한다.

한편 꼭 성공한다는 보장은 없지만 어느 정도 될 것 같아 상의했는데 "그만두는 게 좋겠다"고 모두 만류한다면 고노스케는 어떻게 했을까?

"밀어붙입니다. 단, 이건 위험한 일이라고 생각하고 단단히 대책을 세우면서 추진하죠."

무서움을 아는 것 

1980년, 고노스케는 가나가와현 지가사키에 사재 70억 엔을 털어 마쓰시타정경학원松下政經塾을 개설한다.

"20~30년에 한 명 정도 정치가를 배출하면 좋겠어"라는 심정으로 시작한 것이었으나 지금은 국회, 지방의회, 지사급의 다수의 인재를 배출하고 있다. 하지만 이는 15년 간의 오랜 집념으로 구상을 현실로 옮긴 것이었다.

이야기는 고노스케가 주재한 '신정치경제연구회'의 해산식(1966년)으로 거슬러 올라간다. 참석자들은 상임간사 및 연구 참여자들로 그 가운데에는 일본을 대표하는 대기업 경영자들과 유명언론사, 학계 전문가들도 있었다. 해산 연회가 중반을 넘어갈 무렵, 고노스케가 갑자기 자리에서 벌떡 일어나 마쓰시타정경학원에 대해 열변을 토하기 시작했다. 준비한 마쓰시타정경학원에 대한 취지서를 전원에게 배부하고 그 내용을 대독시켰다.

그러나 좌중의 반응은 극히 냉담했다. "경영만 제대로 하면 된다. 정계까지 손을 뻗쳤다간 여태까지 쌓은 명성이 날아가 버린다"가 참석자 대부분의 생각이었다. 며칠 후, 해산식에서 발언을 자제하던 중진 4명(고노스케가 특히 신뢰하던 경영자들)의 의견을 물었지만 마찬가지였다. 누구 하나 찬성하는 사람이 없었다.

그 제안이 고노스케의 뇌리에서 완전히 모습을 감췄다고 생각할 무렵인 1978년, 그는 돌연 마쓰시타정경학원 구상을 또다시 발표한다. 그리고 이듬해부터 14년에 걸친 구상을 끝끝내 실현시킨다.

"이번에도 다들 반대할 거라고 각오하고 있었는데 아무도 반대하지 않더군. 반대는커녕 모두 해보라고 말했어. 시대가 달라졌더군."

말은 그랬지만 실은 그렇게 간단한 일이 아니었다. 고노스케는 고민에 고민을 거듭했다. 결국, '일본이라는 나라가 운이 좋다면 이 구상은 성공하고, 운이 나쁘다면 실패한다. 좋아, 일본의 국운에 걸어보자' 라고 생각하며 결단을 내렸다. 대의명분을 내걸고 각오를 다진 고노스케가 드디어 개설에 돌입했다. 고노스케는 무리하지 않고 자신의 구상을 이루어 냈다.

'무리하지 않는다' 는 삶의 철학, 사고의 근간에는 무엇이 있을까? 그것은 무서움을 아는 데 있다.

"인간이 더 잘 살기 위해서는 언제나 자신을 관리하고 자신을 바로잡는 게 중요해. 이를 위해서는 무엇보다 무서움을 알아야 해. 바꾸어 말하면 무서운 존재를 가지는 게 필요하다는 거지. 아이는 부모가 무섭고, 학생은 선생님이 무섭고, 종업원은 사장이 무서운 식으로 무서움을 알면 자신을 바로잡을 수 있는 게지. 무서움을 모르는 인간은 틀려 먹었어. 무서움을 모르면 도를 넘어 실패하거나 주위에 상처를 주게 되지.

그런데 말이야, 경영자나 지도자의 자리에 오르면 직접 꾸짖거나 주의를 주는 사람이 없어. 그래서 무서움을 쉬이 잊어버리고 말지. 찬찬히 생각해 보면 총리일지라도 잘못을 저지르면 세상의 벌을 받게 되지. 설사 총리라도 국민의 무서움을 알고 바른 정치를 해야 해. 무서움을 아는 것이야말로 윗사람에게 필요한 미덕이야."

인간으로서의 미숙함을 깨달은 사건 

인간은 신이 아니다. '경영의 신'이라 불리던 고노스케일지라도 피와 살로 된 인간일 뿐이다. "무리를 하지 않겠다"고 해도 자기도 모르게 무리를 할 때도 있다. 그러다가 쓰디쓴 실패를 맛본 경우도 적지 않았다.

때에 따라서는 어떻게 해야 할지 판단이 서지 않을 때도 있다. 더욱이 잘못을 가르쳐 깨우쳐 주는 선생까지 없으면 제멋대로의 생각으로 결정해 버리기도 한다. 그리고 결국에는 미로에 빠져 자신을 잃어버리고 만다. 고노스케도 초보 경영자였을 무렵, 그런 위험한 경험을 몇 번이나 겪었다.

1919년은 고노스케가 오히라키초에 마쓰시타전기기구제작소를 창업하고 아내와 처남인 이우에 도시오 셋이서 사업을 시작한 이듬해다. 산업인이라는 자신의 본분을 각성하고 진정한 창업을 결정한 날로부터 14년 전의 일이다.

이때 오사카전등(간사이전력의 전신)에 근무하던 시절의 동료로부터 한 제안을 받는다. 작은 개인 공장을 본격적인 회사 조직으로 키우지 않겠느냐는 것이었다.

"혼자서 고군분투하기보다는 자본을 다른 데서 끌어와 크게 키우면 어떻겠나? 마침 내 친척이랑 지인 중에 자산가들이 꽤 있다네. 이 공장을 더 큰 회사 조직으로 발전시켜 보지 않겠나!"

열심히 설득하는 상대의 말을 듣고 보니 혼자서 열 가지의 일을 하기보단 회사 조직으로 키워 서른 가지의 일을 하는 편이 나을 것도 같았다.

고노스케는 "곰곰이 생각해서 4, 5일 안에 꼭 대답을 줌세"라고 약속했다.

그러나 이대로 혼자서 꾸려가는 게 좋은지, 회사조직으로 키우는 편이 나은지 아무리 생각해도 결론이 나지 않았다. 이틀이 지나고 사흘이 지나도 결론이 나지 않았다. 하지만 대답을 하겠다고 말한 이상, 약속을 어겨서도 안 된다. 결론을 내리지 못했지만 고노스케는 그 사람을 찾아갔다.

"어때, 결심은 굳혔나? 자네만 결심해 주면 나도 당장 회사에 사표를 낼 작정이야. 그리고 고향으로 돌아가 친척 열 분 정도한테서 자금을 조달해 오지."

상대방은 끈질기게 재촉했지만 고노스케는 사업을 시작한지 갓 1년이 넘은 신참에 지나지 않았다. 아직 경영의 생초짜였다. 분명하게 이렇게 하겠다고 결정할 능력도 없었고, 신념도 없었다. 하물며 경영이념은 형태조차 잡히지 않은 상태였고 경영방침 같은 게 있을 리 만무했다. 그럼에도 상대방이 열심히 설득하니 반신반의하면서 승낙해 버리고 만다.

집으로 돌아와 곰곰이 생각해 봐도 여전히 선뜻 결단을 내리지 못했다. 분위기에 휩쓸려 승낙했지만 생각하면 할수록 너무 성급했다는 후회만 쌓일 뿐이었다. 개인경영을 할 것인가, 회사 조직으로 꾸릴 것인가라는 점에만 얽매여 정작 중요한 점을 잊고 있었다. 파트너가 될 상대방의 성격이나 경영수완에 대해서는 일절 검토하지 않았던 것이다. '정말 신뢰할 만한 인물일까?', '실제 자금을 모을 수 있을까?' 냉정하게 생각하니 상대방의 제안이 현실과 동떨어진 이상론처럼 느껴졌다.

'역시 이대로가 좋아. 이 제안은 반드시 거절해야 해.'

그러나 구두약속이라도 약속은 약속인데 이제 와서 거절하기가 어려웠다. 그렇게 고민하는 사이 이삼일이 훌쩍 지났다. 역시 다시 한 번 천천히 고민해야 겠다는 뜻을 전달하기 위해 그를 찾았다. 그런데 어처구니없게도 그 사람은 이미 이 세상 사람이 아니었다. 고노스케와 헤어진 다음날부터 급성폐렴을 앓더니 이틀 후에 세상을 떠나 버린 것이다. 고노스케에게도 알리고 싶었지만 주소도 연락처도 몰라 연락이 닿지 않았던 것이다. 망연자실하면서 그는 인간사의 허망함을 통감했다고 한다. 결국 회사 조직 운운하는 이야기는 자연 소멸되고 말았다. 만약 이 일이 추진되었다면 오늘날의 파나소닉은 없었을지도 모른다.

'경영자로서 미숙함 이전의 문제야. 인간으로서 너무 미숙했어.'

판단을 내리는 것은 어렵고 무엇보다 타이밍이 중요하다. 그렇지만 더욱 중요한 것은 마음을 정리하지 않은 채 결단을 내려서는 안 된다는 점이다. 이 경험은 고노스케에게 크나큰 교훈을 주었다.

"세상에는 절대적인 확신이라는 게 있을 수 없어. 자기 나름대로 모든 사항들을 검토하고 스스로가 납득한 것만을 가져야 한다네."

회사를 일으키는 사람과 망치는 사람은 종이 한 장 차이 

경영자의 임무 중 가장 중요한 것 하나만 꼽으라면 '판단' 이다. 수차례 거듭 말하지만 경영자란 방향지시기를 단 심부름꾼이다. 경영자는 방향을 지시하고 판단해야 한다.

판단의 어려움은 성공하면 판단이 옳았고 실패하면 판단이 틀렸노라고 단순하게 말할 수 없다는 점이다. 성공과 실패는 어디까지나 결과에 지나지 않다. 경영자는 언제나 결과와 책임을 부담해야만 하나 무슨 근거를 가지고 그렇게 판단을 내렸는지에 대한 근본이야말로 더욱 중요하다.

납득이 가지 않은 상태에서 일을 처리했는데 우연히 성공을 했다고 생각해보자. 결과가 좋다고 아무런 교훈도 도출하지 않는다면 언젠가 되돌릴 수 없는 크나큰 실패를 범하게 된다.

경영자에게 있어 납득한 다음 성공한 경험이 'BEST' 라면 납득한 다음 실패한 경험은 'BETTER' , 납득하지 못한 채 성공한 경험은

'GOOD', 그리고 납득하지 못한 채 실패한 경험은 'WORST'라는 법칙이 성립한다.

이러한 법칙을 머리 한 구석에 담아두고 고노스케의 말을 음미한다면 반드시 무언가를 얻을 수 있을 것이다.

고노스케가 여든 살 때 나고야청년회의소에서 강연을 한 적이 있다. 비서에게 파나소닉의 사내보 기사를 낭독시킨 다음 고노스케가 직접 설명하는 형식이었다(목에 주름이 져 생각만큼 목소리가 나오지 않는 탓에 고육지책으로 이런 방식을 고수했던 것이다).

"똑똑한 사람은 회사를 일으키기도 하고 나라를 일으키기도 합니다. 하지만 동시에 똑똑한 사람은 회사를 망치기도 하고 나라를 망치기도 합니다. 평범한 사람은 일으키지도 않지만 망치지도 않죠. 뭐, 무난하게 살아가죠(웃음).

똑똑한 사람은 큰 희망을 걸 수 있지만 한편으로 매우 위험하죠. 그럼 일으키는 사람과 망치는 사람 사이에 어느 정도 차이가 있을까요? 기껏해야 종이 한 장 차이입니다. 여태까지 많은 사람들과 함께 일하면서 성공한 사람도 많이 봤지만 실패한 사람도 있었죠. '저 아무진 사람이 왜 실패했을까' 하는 경우도 있어요. 도대체 어떤 차이가 있는지 철저하게 고민하다 보니 실패한 사람에게는 결국 '내甘'가 있었습니다. 반면 성공한 사람에게는 '내甘'가 없죠. 둘 다 똑똑하지만 사소한 사심이 끼어들면 굉장히 큰 차이를 드러내게 됩니다."

여든 살이 넘은 고노스케 자신도 여전히 사심과 공공심 사이에서 흔들리는 중이라고 발언하고 있다. 두더지 잡기 게임처럼 사심이 나오면 때리고, 사심이 고개를 들면 또 때리고, 이런 반복이라고 한다.

회사는 공공의 것, 즉 공기公器이다. 인재는 세상에서 잠시 빌린 것이므로 당연히 소중히 여겨야 한다. 그러므로 경영자는 어디까지나 공공의 입장에 서서 판단하고 행동해야 한다. 그런데 경영자도 인간이기에 개인적인 사심이 불쑥 고개를 쳐들기가 쉽기 때문에 언제나 자기 자신과 갈등하고 있다는 것이다.

‘회사는 공기公器’ 라는 말은 무엇을 뜻하는가 

회사는 사회의 공기公器이다. 사회에서 사람, 물자, 자본을 잠시 빌려 경영하는 것이므로 고노스케는 언제나 사회에 기여하기 위해 노력해 왔다.

고객과 거래처는 언제나 사회 그 자체였다. 한 사람이 풍족해진들 사회가 풍족해지지 않으면 사상누각에 지나지 않아 쉬이 붕괴되어 버린다는 점을 고노스케는 알고 있었다.

세상은 옳다. 절대적으로 옳다. 만약 세상이 틀렸다면 그것이 틀렸다는 자체가 옳은 것이라고 고노스케는 종종 지적했다.

듣는 이에게는 다소 건방진 “고객님을 키워 드리겠습니다”라는 말도 거기서 파생되었을 것이다. 때로는 사회를 구성하는 한 명 한 명의 고객이 틀릴 때도 있다. 따라서 제품이나 기술 또는 판매의 전문가로서 그 잘못을 시정하고 올바른 정보를 제공해야 한다. 더 나아가 사회의 인재를 사용하고 있는 이상 종업원 교육도 철저하게 실시해야 한다. 고노스케도 종업원 교육에 있어서는 철저하리만큼 엄중했다.

왜 종업원을 엄격하게 교육했을까? 제 한몫을 못하면 거래처와 고객에게 피해를 줄 뿐만 아니라 당사자가 곤란해질 수 있기 때문이다. 해고의 좌절을 맛보고 괴로움을 겪는 것은 정작 당사자가 아닌가? 좋은 약은 입에 쓰다. 윗사람은 귀가 따가운 이야기를 일부러라도 해야 한다.

표면적으로는 회사가 임금을 주는 대가로 종업원을 고용하고 있는 듯 보이지만 그것은 허상이다. 실상은 사회에서 사람을 잠시 빌리고 있는 것이다. 철저하게 가르쳐 올바른 업무 가치관과 제 몫 이상의 기술을 지도하여 '사회'에 환원해야만 한다. 산업인의 사명 중 하나가 바로 여기에 있다.

'조금만 벽을 낮춰 달라', '좀 더 봐 달라', '더 비위를 맞춰 달라'는 종업원의 요망이 아니라 사회의 요망에 우선적으로 귀를 기울여야 한다. 그렇지 않으면 기업은 사회의 공기라고 말할 수 없을 것이다.

지금 중국에서는 기이한 현상이 벌어지고 있다. 유럽 기업에 비해 일본 기업의 임금이 20%나 낮음에도 불구하고 중국인 대부분이 일본 기업에서 일하기를 희망한다는 것이다.

왜일까? 이유는 간단하다. 일본 기업(공장 근무)에 입사하면 '일' 을 제대로 가르쳐 주기 때문이다. 제조훈련은 물론이거니와, 인사와 정리 정돈 같은 '습관' 까지 엄격하게 주입시켜 주기 때문이다.

유럽 기업은 이렇게 일본 기업에서 근무한 경력자를 높이 평가하여 고용한다. 이는 교육훈련 비용을 절약할 수 있기 때문이다.

현장의 중국인들은 우선 일본 기업에 들어가 열심히 일하고 경력을 쌓으려고 한다. 그 다음 20% 높은 임금을 주는 유럽 기업의 공장으로 이직한다. 이것이 현장 근로자의 '차이나드림' 이다. 중국인의 사례에서 알 수 있듯, 고노스케의 파나소닉뿐만 아니라 대다수의 일본 기업은 '사회의 공기' 로 자리 잡고 있다.

'댐 경영' 의 궁극적인 뜻은 무엇인가 

사심이라는 것은 사람이나 회사나 여유가 없을 때 비집고 나온다.

여유가 사라지면 대국관大局觀이나 장기적인 안목을 잃고 무심코 눈앞의 것으로만 판단하고 달려들게 마련이다. 가난해지면 사리판단이 어두워진다는 말은 실로 이런 상황을 빗댄 말이다. 그렇다면 어떻게 해야 할까? 어떻게 하면 여유가 생길까?

이미 소개한 바와 같이 1965년은 대규모 도산 회오리바람이 몰아친 해였다. 전년도에 아타미회담을 개최하고 위기에 즉시 대응하여 유통

개혁을 달성한 결과, 파나소닉은 타사보다 앞서 실적을 회복하고 전무후무한 이익을 실현했다.

불황이 점차 심각해지고 있을 무렵, 고노스케는 간사이재계의 의뢰로 '댐 경영과 적정 경영'이라는 주제로 강연을 했다.

댐이 있으면 물은 늘 일정 수량으로 흐르게 된다. '댐 경영'이란 댐에 이익이라는 물을 가득 채우고 만일에 대비하는 것이다. 내부유보를 풍족하게 쌓아 놓으면 시장 경기에 대응하여 생산량을 조절할 수 있다. 생산뿐만 아니라 자금이나 인재, 또는 재고에 대해서도 안정 경영을 실현할 수 있다. '댐 경영'을 하면 불황이 닥쳐도 침착하게 대처할 수 있다. 물론 '댐 경영'은 어렵다. 하지만 어렵다고 해서 도전하지 않으면 실현할 수 없다.

장사를 하다 보면 이익이 있을 때도 있고 손해가 날 때도 있다. 1년을 끝내보면 흑자일 때도 있고 적자일 때도 있다. 그러나 고노스케의 생각은 달랐다. 그 액수의 많고 적음의 차이는 있을지라도 반드시 수익을 올려야 한다는 생각이다. 세상에서 잠시 빌린 물자, 사람, 자본을 사용해 적자를 내다니 결코 용서한 수 없는 일이다. 불경기, 불황이 닥쳐도 흔들리지 않도록 평소 경영에 댐(내부유보 등의 여유)을 만들어 두어야 한다.

고노스케는 이 무렵 한결같이 이 댐 경영론을 도처에 설파한다. 세상이 불황이라는 한 가지 색으로 물들어 있었기 때문이다. 당연히 질문이 나왔다.

"댐 경영이 얼마나 중요한지는 잘 알겠습니다. 하지만 어떻게 해야 그
런 여유 있는 경영을 할 수 있습니까?"

"그것은 저도 모릅니다(웃음). 그러나 우선 그런 여유 있는 경영이 필요
하다고 생각해야 합니다(폭소)."

이날의 강연이었는지 아니면 그 전후의 강연을 들었는지 알 수 없으
나 이 대화를 주의깊게 들은 경영자가 있었다.

교세라를 막 창업(1959)한 시절의 이나모리 가즈오다. 대부분의 청
중들이 이 대답에 웃고 있을 때, 그는 이 말에 깊은 감명을 받았다고 한
다. 우선 갈망의 중요성에 대해 알았다. 갈망 없이는 아무 것도 할 수
없다. 갈망은 바람을 행동으로 옮기게끔 채찍질한다. 고노스케 식으로
말하자면 2층에 올라가고 싶다고 갈망하는 사람만이 사다리를 떠올린
다는 것이다. 이나모리는 그날 '좋아, 댐 경영을 갈망하자'고 결심했다
고 한다. 이나모리의 운명을 바꾸는 만남이었다.

외환리스크를 방지하는 파나소닉의 경영법 

'댐 경영'이 현대의 경영에서 얼마나 중요한지는 리먼 사태 이후의
기업경영을 떠올려 봐도 잘 알 수 있다.

거품경제 붕괴 이후, 대부분의 대기업들은 금융기관을 신용하지 않
게 되었다. 은행대출을 솔선해서 상환하고 그 대신에 채권발행을 늘려

자금 수요를 충당해왔다. 어느 정도의 자금을 가지고 있지만 향후 금융위기의 더블딥이 발생할지 아닐지, 수요가 증가할지 아니면 감소할지 판단하기 어렵다. 그래서 설비투자도 사원채용도 억제하지 않을 수 없었다. 그 결과, 의도치 않게 내부유보가 증가한 것이다. 덕분에 일본기업은 기존에 없었던 내부유보를 자랑하기에 이르렀다.

리먼 사태 직후, 2008년을 통틀어 파나소닉의 주식시가총액은 2조 7,300억 엔, 즉 52%나 급감한다. 외국인투자가의 환금매도가 그 원인으로, 파나소닉 본래의 주가는 더 높았어야 했다. 참고로 시가총액 감소의 경우 도요타자동차는 54%, 신니혼제철은 58%, 소니는 69%로 수출기업들은 한결같이 큰 폭의 하락을 기록했다.

어떤 이유에서인지 일본은 과도한 엔고공포증 환자로 '엔고=불황'이라는 생각이 지배적이었다. 엔고 → 수출기업의 경쟁력 실추 → 주가 하락 → 불황이라는 식이다. 하지만 엔화강세는 해외에서 수입품을 저렴하게 들여올 수 있기에 꼭 단점만 있는 건 아니다. 리먼 사태 이후 달러의 권위가 땅에 떨어지고 중동 산유국조차 원유대금을 달러표시에서 엔화표시로 전환하고 있는 실정이었다.

최근 수년간 승승장구하던 대아시아 수출의 경우 특히 엔화표시 수출의 비중이 높아지고 있다. 일본 수출 전체에서 차지하는 엔화표시의 비중은 2000년 36.1%에서 2010년에는 41.0%로 증가하고 있는데 그 가운데 대아시아 수출에서는 55%가 엔화표시다. 엔화약세보다 엔화강세 쪽에 이점이 있는 셈이다.

또한 기업 노력 여하에 따라 엔화강세의 단점을 극복하거나 억제하고 있는 수출기업도 적지 않다. 파나소닉의 대표적인 제도가 바로 대미 일변도가 아닌 BRICs(브라질, 러시아, 인도, 중국을 아울러 이르는 말) 등 신흥국에 초점을 맞춘 '외환전략=환매리제도' 다.

이는 나카무라 구니오가 사장에 취임하고 나서 도입한 제도로 수출대금으로 받은 외화를 엔화로 바꾸지 않고 보유하여 수입지불에 충당함으로써 외화표시의 채권과 채무를 상계시키는 방법이다. 외환차손이 나올 것 같으면 엔화로 바꾸지 않고 현지통화로 보유하고 외환차익이 나올 때는 즉시 엔화로 바꿔 이익을 확정한다. 이는 외환리스크를 약화시키는 데 효과적이다.

〈주간토요경제〉(2008년 11월)는 파나소닉이 엔화강세의 역풍 속에서 사상 최대의 순이익을 달성할 수 있었던 일등공신으로 이 '환매리제도' 의 확대를 들고 있다. 2000년에는 전사 수출액의 20%에만 적용했던 것을 2007년에는 70%까지 적용 폭을 확대한 결과, 엔화강세의 단점을 절반 이하로 억제하는 데 성공한 것이다.

파나소닉은 과거의 사업부제 시절에도 자금에 관해서는 본사 경리부에서 일원관리하였다. 사업부나 관계회사의 경리는 원칙적으로 본사 경리부에서 파견되었다. 경리부원은 본사에 대한 보고라인인 것이다. 이렇게 하면 자금의 이동이 투명한 데다 사업계획도 세우기 쉽다. 이

점도 '환매리제도'를 도입하기 쉬운 환경이었다고 생각한다.

모든 기업이 이 제도를 도입할 수 있는 것은 아니다. 매도와 매입을 상계하는 타임래그(경제활동에 자극이 주어졌을 때 이에 대한 반응이 나타나기까지의 시간적 지체) 사이에 자금을 묻어두는 게 가능해야 한다. 즉 내부유보가 풍족한 기업이 아니고서는 채택할 수가 없다.

지금 파나소닉이 '환매리제도'를 도입할 수 있는 것도 전적으로 고노스케의 댐 경영 덕분이라 하겠다.

고노스케의 운명관

인간은 누구나 성공하고 싶어하고 행복을 갈망한다. 하지만 만족을 모르면 이 갈망은 불만으로 바뀌어 오히려 인간을 고통 속으로 빠뜨린다.

그렇다면 고노스케에 있어 성공이란 무엇일까? NHK의 시청자 참가 프로그램 중 〈이 사람과 대화를 나눠보자〉는 제목의 기획이 있었다.

이 프로그램에 고노스케가 초대 손님으로 출연하였다(1978년 3월 15일 방송). 본인의 대에 세계적인 대기업을 일군 고노스케는 중소기업 경영자들의 아이돌이라 할 수 있었다. 당연히 시청자 대표인 출연자들이 듣고 싶은 이야기도 '어떻게 하면 성공할 수 있는가' 즉 '성공의 비결'이었다. 이때 고노스케의 대답이 참으로 독특했다.

"성공이요? 성공은요, 남자로서의 성공, 여자로서의 성공, 또는 경영자로서의 성공, 이렇게 다양합니다. 저는 실제로 어느 정도 경영자로서는 성공했지요(웃음). 하지만 인간으로서의 성공은 아직 멀었어요. 그래서 마음이 젊어요. 왜냐하면 아직도 인간으로서 성공할 수 있는 길을 찾고 있기 때문이죠."

당시 고노스케의 나이는 여든한 살이었다. 고노스케에게 휘호를 부탁하자 '글씨가 엉망인데'라고 말하면서 '솔직'과 '공존공영共存共榮'이라는 글귀를 남겼다. 그는 '도道'라는 단어도 즐겨 쓰곤 했다. 사환 시절부터 헤아려 85년에 걸친 경영인생이니 후반의 수십 년은 분명 구도자와 같았을지도 모른다.

성공에 대해 고노스케에게 묻는 사람이 많다. 하지만 구체적인 비결 같은 건 없고, 더더구나 가르쳐 줄만한 게 그에게는 없다. 만약 성공법을 가르쳐 주었다면 그것은 아마도 아주 얄팍한 것에 지나지 않을 것이다. 고노스케는 한마디로 "운이 좋았어요"라고 대답할 뿐이다.

"제가 몸이 약했죠. 이 덕을 봤어요."

독립을 한 계기도 몸이 약해 회사를 쉬면 일당이 들어오지 않았기 때문이었다. 그래서 요양하면서 일을 하기 위해서 결혼하고 독립한 것이다. 그리고 병상에 누워 있게 되면서 아직 어린 사환에게 지시를 내렸는데 그들은 기대 이상의 일을 해냈다.

"사람을 키우는 일만큼 재미있는 게 없어요."

고노스케가 건강했다면 혼자서 일을 해 버렸을 것이고, 결국 인재를 키우지 못했을 것이다. 그런데 몸이 허약했던 덕분에 사람을 부리는 방법을 터득할 수 있었다. 세계에서 맨 처음 사업부제를 내놓은 것도 이렇게 키운 인재들이 있었기 때문이다.

"배움이 짧았습니다. 이게 도왔어요."

머리가 좋은 사람일수록 '하지 못하는 이유'를 그럴듯하게 잘 생각해낸다. 그러면서도 '모른다', '이해를 못했다'라는 말은 절대 하지 않는다. 머리가 좋은 사람은 타인의 의견에 귀를 기울이지 않는다. 들어주지 않으니 주변에서 아무도 그 사람에게 조언을 하지 않는다. 보통소학교를 4학년으로 중퇴한 고노스케는 아는 게 없었다. 그래서 타인에게 묻고 공부하는 일이 무척이나 좋았다. 그래서 "자네, 어떻게 생각하나?"가 그의 입버릇이었다. 그렇게 귀동냥으로 공부했다. "주위 사람들이 하나같이 모두 대단해 보였다"고 한다. 거래처는 물론 사환의 이야기에도 귀를 기울였다.

"역시 운이 좋았다는 말밖에 할 말이 없네요. 전기 시대에 살았다는 점도 말이죠. 원시 시대에 태어났다면 이렇게까지 성공하지는 못했겠죠. 이 시대에 태어난 것도 운이 좋았다고 말할 수 있습니다."

쇠퇴산업, 불황산업이 아닌 발전산업에 투신할 수 있었던 점도 성공의 한 요소였다. 어찌 보면 고노스케는 행운아다. 인생은 분명 자신의 힘으로 개척할 수 있다. 하지만 인간의 지혜나 인간의 힘을 초월한 어떤 알 수 없는 에너지가 존재한다는 것도 사실이다. 고노스케는 젊은 시절부터 그런 경험을 해왔다.

운이 좋은 사람, 운이 나쁜 사람

고노스케는 창업자로서의 운명을 타고 났으며 죽을 고비도 여러 번 넘겼다.

이때 고노스케는 운명을 바꿀 사건과 조우하게 된다.

오사카축항 선창에서 배를 타고 작업장으로 출퇴근하던 어느 날이었다. 한 선원이 뱃전에 걸터앉아 있는 고노스케 앞에서 발이 미끄러지는 바람에 떠밀려 그대로 바다에 빠져 버렸다. 다행히 정신없이 허우적거리고 있는 고노스케를 발견해 끌어올려 주었다.

"여름이어서 다행이었지. 겨울이었다면 죽었을 게야."

한 번은 전차에 부딪힐 뻔한 적도 있었다. 독립 직후 자전거에 부품을 싣고 운반하고 있을 때, 교차로에서 자동차와 충돌, 5미터 정도 날아가 선로에 내팽개쳐졌다. 그때 마침 전차가 들어왔다. "앗, 치이겠다!"며 눈을 감은 순간, 전차가 급정지를 걸고 고노스케 바로 앞에 섰다. 부품은 여기저기 흩어져 있고 자전거는 크게 망가졌다. 하지만 고노스케의 몸에는 긁힌 상처 하나 없었다.

고노스케는 3남 5녀의 막내로 태어났으나 형제누이는 폐병으로 잇달아 세상을 뜨고 말았다. 고노스케도 스물 세 살 때 난카이전차 안에서 피를 토하고 쓰러졌지만 다행히 목숨은 건질 수 있었다.

그러나 이런 경험을 하는 사이, "나는 운이 좋은지도 몰라. 어지간한 일 아니고서는 죽지 않잖아", "이 정도의 운이라면 어느 정도의 일은 할 수 있을 거야"라고 확신한다. 이 근거 없는 확신과 자신감이 그 후 사업을 하는 데 얼마나 큰 자극이 되었는지 모른다.

말년에 고노스케가 심혈을 기울인 마쓰시타정경학원의 입학 지원자 최종면접은 자신이 직접 챙겼다.

그의 질문은 "운이 좋은가 나쁜가", "애교가 있는가 없는가"라는 단 두 가지였다. 장래 국가의 경영을 맡을 인간이 운이 나쁘고, 인기가 없으면 볼 것도 없기 때문이다.

"난 센바의 사환이 되었다. 그때 어떤 사람은 중학교에 진학했지. 그 사람이 고등학생이 되었을 때 난 직공이 되었고, 내가 마을 공장을 시작했을 때 그는 최고학부에서 공부했어. 두 사람이 이런 길을 걸은 건 각자의 의지와 노력 때문이 아니야. 운명이 그렇게 만들었기 때문이지. 자신의 의지만으로는 어찌 할 수가 없어. 어쩌면 가장 위대한 사람은 운이 좋은 사람일지도 몰라."

이 세상에 운이 좋은 사람, 나쁜 사람 따위가 있을 리 없다. '운이 좋다'라고 생각할 것인가, '운이 나쁘다'라고 생각할 것인가, 그 차이는 있다. '운이 좋다'라고 생각하는 사람만이 운을 자기편으로 만들 수 있는 것이다. 우주의 법칙이란 그런 것이다.

_ 에필로그

"지난 일을 되돌아보면 반은 성공이었지만 반은 하지 않아도 되는 일, 즉 실패였다." 『상매심득첩(마쓰시타 고노스케의 저서)』

자신이 해온 일을 일일이 솔직하게 검증해 보면 성공도 실패도 반반이었다고 고노스케는 증언하고 있다.

참으로 겸손한 사람이라고 생각할지도 모르겠다. 하지만 이는 솔직하지도 겸손하지도 않은 표현이다. 그저 사실을 있는 그대로 말하고 있는 것이다.

'분명 더 잘할 수 있었을 텐데.'

'더 옳은 판단을 내릴 수 있었을 텐데.'

그 판단에 사심이 없었다면 어떤 결과라도 납득이 간다. 그러나 그곳에 사심이 티끌만큼이라도 끼어 있었다면 치열한 반성이 기다린다. 고노스케는 아침에 의견을 내놓고 저녁에 반성을 했다. 결과에 대한 반성과 검증작업은 다음 진행할 업무의 교훈이 된다.

사실은 실패의 연속이었던 '경영의 신' 임에도 주위에서는 실패를 느끼지 못했던 것은 두 가지 이유에서였다.

하나는 주위에서 실패했다고 눈치채기 전에 스스로 깨닫고 천연덕스럽고 멋지게 수정해버린 것이다. 또 하나는 실패를 경영의 교훈으로 삼아 대성공을 거두었기 때문이다. 그리 생각해 보면 고노스케의 행동이 조령모개朝令暮改가 아니라 조령주개朝令晝改, 조령조개朝令朝改라고 일컬어진 연유도 어렴풋이 이해가 간다. '이렇게 하면 실패한다', '이렇게 하면 더 질될 것이다' 라고 재빨리 궤도를 수정했던 것이다.

1951년의 미국 여행 때, 고노스케는 미국의 건전지공장을 방문한다. 그 자동화 기계에 놀라 당장 구입을 결정했으나 이어서 방문한 공장에서 더 놀라운 일과 조우하였다. 고노스케가 막 구입한 기계가 이 공장에서는 가장 낡은 기계였기 때문이다. 찬찬히 물어 보니 좋은 기계, 특히 세계적 업체가 다루는 기계는 업체가 독자적으로 설계, 제조하며, 외부에 공개하지 않는다는 사실을 알았다.

이 실패를 통해 고노스케는 어떤 점을 느꼈을까?

'뛰는 놈 위에 나는 놈이 있구나. 세계는 넓고 대단하다. 지금부터 이런 사람들을 상대로 싸워야 한다.'

그러면 어떻게 할 것인가? 상대방의 장점을 부정해서는 안 된다. 좋은 것은 좋다고 솔직하게 인정하여 본보기로 삼으면 된다. 학생의 입장이므로 진지하게 배우는 길밖에 없다. 열심히 공부하면 설령 넘지는 못하더라도 따라잡을 수는 있다.

이듬해 고노스케는 네덜란드의 필립스사와 기술제휴를 맺는다. 만약 이때 고노스케가 미국을 방문하지 않았다면, 고노스케가 기계 도입에서 실패를 맛보지 않았다면, 일본이 전쟁에 패하지 않았다면 외국기업과의 제휴는 이루어지지 않았을 것이다.

하지만 "선생에게서 가르침을 받을 수 있다면 아무리 돈을 들여도 좋다"고까지 언급하는 게 바로 고노스케다.

본문에서 소개한 대로 기술에서는 뒤질지 모르나 경영에서는 결코 지지 않는다. 선생도 중요하지만 마찬가지로 학생도 중요하다는 논리로 필립스사에 정정당당하게 경영지도료를 요구했다.

이런 자신감은 훗날 필립스사와 전지판매 합작회사를 설립할 때도 발휘되었다. 당시 필립스사의 전지는 유럽의 일류 브랜드였다. 파나소닉은 본래 판매망이 없는 탓에 지명도는 거의 전무했다. 당연히 책임자로서 부임한 사쿠마 쇼지(파나소닉 전 부사장, WOWWOW 전 사장·회장)가 신회사 판매비율을 필립스사와 파나소닉이 7:3으로 하기로 했다고 보고하니, 최소 5대 5로 하라고 타일렀다고 한다. 그때의 대화가 실로 흥미롭다.

"자네, 선생이 학생에게 져서야 되겠어?"

필립스사는 건전지를 제조하고 있으나 판매는 하지 않는다. 파나소닉은 어떤가. 일본 내에서 수십 년간이나 제조와 판매를 전개하고 있다. '건전지 판매에서는 우리회사가 단연 선생님이다' 라는 뜻이다.

필자는 고노스케를 몇 번인가 만난 적이 있다. 그가 사장으로 있던 회사에 근무했었기 때문이다. 게다가 무슨 인연인지 고노스케의 경영이념을 전파하는 일을 하고 있었기에 여느 사람보다 만날 기회가 잦은 편이었다.

25세 무렵이었던 걸로 기억한다. 중소기업 경영자에게 설명하는 경영자료 중에 고노스케의 다음과 같은 말이 들어 있었다.

"대담하면서도 소심小心하게."

처음 들었을 때 '소심? 세심細心을 잘못 말한 게 아닐까' 라는 의문이 들었다. 젊은 상사에게 확인하니 "대담의 반대어는 세심이지. 몰랐었나?"라는 대답이 돌아왔다.

고노스케는 학력이라고 해봤자 소학교 4학년 중퇴가 전부여서 소위 지식은 부족할지도 모른다. 하지만 다른 사람의 몇 배나 지혜로웠다.

아홉 살부터 장사를 하면서 지혜를 터득했기 때문이다.

회사를 경영하고 있는 사람이라면 십분 이해할 것이라 생각하는데 어떤 일들에 대해 결단을 내리고자 할 때의 심경은 세심 차원이 아니다. 소심 그 자체다. 돌다리를 두드려 놓고도 건너지 않을 정도로 신중에 또 신중을 기한다. 너무 무서워서 얼이 빠진다. 그래서 세심이 아닌 소심이야말로 정답이다.

흠칫흠칫하면서도 도망칠 때는 잽싸게, 그 정도로 소심해야만 회사가 오래 간다.

운 좋게도 필자는 총 100명에 가까운 파나소닉 전 임원의 체험담을 공부하는 기회를 얻을 수 있었다. 풋내기인 주제에 경영자의 연구회를 세우고 파나소닉의 경영간부, 고노스케에게 직접 훈련을 받은 분들에 세서도 가르침을 빋을 수 있었다.

그러는 사이 절실히 깨달은 점이 있다. 그것은 고노스케가 분명 위대한 경영자였듯이 그와 마찬가지로 고노스케를 따랐던 사람들도 위대했다는 점이다.

일이라는 것은 지시하는 사람이 있고 지시를 받는 사람(=실천하는 사람)이 있을 때 비로소 완결된다. 어떤 지시를 내리는가도 물론 중요하지만 그 지시를 어떻게 수용하고, 이해하는지도 중요하다. 또한 그 지시를 자신의 사명감으로 생각하고 해결의 그림을 떠올리고 기대 이상의 결과를 올릴 때까지 밀고 나가는 것 역시 중요하다. 수용자의 자세와 역량이 실로 큰 영향을 미친다. '기대에 훌륭히 부응했다' 고 고노스케와 함께한 분들에게 큰 박수를 보내고 싶다.

고노스케의 말은 이해하기 쉽다. 본인이 난해한 말을 사용하지 않고, 또 사용하지 않으려 했기에 내용 자체는 초등학생이라도 알 수 있다. 요리로 치자면 메밀국수나 우동이다. 술술 잘 넘어가고 소화도 잘 되기 때문에 개운하게 먹어 치운다.

하지만 그렇기 때문에 까다롭다. 지나치게 술술 잘 넘어간다고 그렇게 간단하게 이해해서는 안 된다. 방금 지나친 말의 이면에 얼마나 심오한 경영철학이 숨어 있는지, 경영의 정수가 담겨 있는지를 곱씹으면서 깨우치기를 바란다.

일도 경영도 순풍에 돛 단 듯 흘러가는 사람에게는 어쩌면 이 책의 울림은 작을지 모르겠다. 하지만 지금 어려움에 처해 있는 사람, 고민하고 있는 사람, 문제가 눈앞에 산적한 사람이라면 고노스케의 대담하지만 소심한 지혜는 필시 큰 울림을 던져줄 것이다.

마지막으로 창업자 마쓰시타 고노스케 옹의 귀중한 사진을 제공해주는 등 많은 도움을 주신 파나소닉주식회사 홍보부에 진심으로 감사드리는 바이다.

파나소닉 경영이념

강령·신조는 1929년에 제정.

> **강 령** – 산업인으로서의 본분에 충실하고 사회생활의 개선과 향상을 도
> 모하고 세계문화의 발전에 기여하는 것을 목표로 한다.
>
> **신 조** – 발전은 종업원 저마다의 화친협력和親協力이 없으면 달성하기
> 어렵다. 그러므로 종업원은 일치단결하여 사무에 복무한다.

파나소닉의 '준봉遵奉해야 할 일곱 가지 정신'(1933년에 '준봉해야 할 다섯 가
지 정신'을 제정, 그 후 두 가지를 부가했다)

하나, **산업보국産業保國의 정신** : 산업보국은 당사 강령이 제시하는 바이며 우리
산업인들은 본 정신을 제일의 의義로 삼아야 한다.

하나, **공명정대公明正大의 정신** : 공명정대는 인간처세의 대본으로서 아무리 학
식재능을 가졌더라도 이 정신이 없는 사람은 모범으로 삼기 부족하다.

하나, **화친일치和親一致의 정신** : 화친일치는 이미 당사 신조에서 들고 있는데 아
무리 우수한 인재가 모인들 이 정신이 부족하다면 소위 오합지졸이 될 뿐
아무런 힘도 없다.

하나, **역투향상力鬪向上의 정신** : 우리들 사명의 달성에는 철저한 역투야말로 유
일한 요체로서 진정한 평화도 성장도 이 정신 없이는 쟁취할 수 없다.

하나, **예절겸양禮節謙讓의 정신** : 사람으로서 예절을 혼란케 하고 겸양의 마음이
없다면 사회의 질서를 바로 세우기 어려우니, 바른 예의와 겸양의 덕이 존
재할 때 사회를 밝게 가꾸어 윤택한 인생을 실현할 수 있다.

하나, **순응동화**順應同化**의 정신** : 정신발달은 자연의 섭리에 순응동화하지 않으
면 얻기 어려우며 사회의 대다수에 즉시 응하지 않고 인위에 치우쳐서는
결코 성공을 얻을 수 없다.

하나, **감사보은**感謝報恩**의 정신** : 감사보은의 정신은 우리에게 무한의 기쁨과 활
력을 주는 것으로 이 정신이 깊을 때 어떠한 고난도 극복할 수 있고 진정
한 행복을 가져다주는 근원이 된다.

【경영자 고시(1932년 5월 5일)】

산업인의 사명은 빈곤의 극복이다. 이를 위해서는 잇달아 물자를 생산함으로써
부를 증대시켜야 한다. 수돗물은 가공되어 가치를 지니게 되는 바, 통행인이 이
를 마셔도 비난을 받지 않는다. 그것은 양이 많고 가격이 지나치게 저렴하기 때
문이다. 산업인의 사명도 수돗물처럼 물자를 풍부하면서 저렴하게 생산·제공하
는 데 있다. 이로써 이 세상에서 빈곤을 극복하고 사람들에게 부를 가져다주고
낙원을 건설할 수 있다. 우리 회사의 진정한 사명 또한 그것에 있다.

【상업 전략 30개조(1936년 제정)】

제1조,　상업은 세상을 위해, 사람을 위해 이바지하고 이익은 그에 따른 당연한
보수다.

제2조,　손님들을 뚫어지게 쳐다보지 마라. 끈질지게 따라다니지도 마라.

제3조,　점포의 대소보다 장소의 좋고 나쁨, 장소의 좋고 나쁨보다 품질의 좋고
나쁨이 우선이다.

제4조,　진열을 잘하면 장사에 서툴다. 작은 점포에서는 어수선한 것이 오히려

좋은 경우가 있다.

제5조, 거래처는 모두 친척으로 삼자. 이에 동정을 받을 수 있는지의 여부가 점포의 흥패를 가른다.

제6조, 팔기 전의 서비스보다 판 후의 봉사, 이것이야말로 영원한 고객을 만든다.

제7조, 고객의 불만을 신의 목소리로 생각하여 무슨 일이든 기쁘게 받아들여라.

제8조, 적은 자금을 걱정하지 마라. 신용의 부족함을 걱정해라.

제9조, 납품은 간단히 해라. 안심할 수 있는 간단한 납품은 번영의 씨앗임을 명심하라.

제10조, 백 엔의 고객보다 일 엔의 고객이 가게를 번성시키는 기초가 된다는 점을 명심하라.

제11조, 무리하게 팔지 마라. 고객이 원하는 것을 팔지 마라. 고객을 위한 것을 팔아라.

제12조, 자금의 회전을 많이 해라. 백 엔의 자금도 10번 회전하면 천 엔이 된다.

제13조, 물품을 교환이나 반품하러 고객이 방문했을 경우에는 판매했을 때보다 한층 더 기쁘게 접대하자.

제14조, 고객 앞에서 점원이나 사환을 꾸짖는 짓만큼 고객을 쫓아버리는 묘안은 없다.

제15조, 좋은 제품을 파는 것이 선(善)이다. 좋은 제품을 광고하여 많이 파는 것은 한층 더 큰 선이다.

제16조, 자신이 행한 판매가 없다면 사회는 돌아가지 않는다는 신념을 가져라. 그리고 그만큼 큰 책임을 느끼자.

제17조, 사업처에 친절하게 대하자. 그리고 정당한 요구는 거리낌없이 전달하라.

제18조, 종이 한 장이라도 경품은 고객을 기쁘게 해주는 것이다. 딱히 줄 게 없을 때는 미소를 경품으로 삼자.

제19조, 점포를 위해 일하는 것이 동시에 점원을 위한 것이 되도록 적당한 방법을 강구해야 한다.

제20조, 끊임없이 아름다운 진열로 고객을 모으는 것도 하나의 방법이다.

제21조, 종이 한 장이라도 낭비하는 것은 그만큼 상품의 가격을 높인다.

제22조, 품절은 점포의 부주의다. 사과한 후에 '빨리 주문하여 배달하겠습니다'라고 고객의 주소를 여쭈어야 한다.

제23조, 정가를 지켜라! 가격인하는 오히려 기분을 해칠 뿐이다.

제24조, 아이는 복을 가져오는 신. 자녀를 데리고 온 고객, 아이가 사용하는 상품에는 특히 주의하자.

제25조, 오늘의 손익을 늘 생각하자. 오늘의 손익을 밝히지 않으면 잠자리에 들지 않는 습관을 기르자.

제26조, '저 가게의 물건이니까' 라고 신용하고 긍지를 줄 수 있도록 하여라.

제27조, 주문을 받으러 돌아다니는 일은 물건 주문으로 이어진다. 상품의 광고 전단지를 늘 갖고 다녀라.

제28조, 점포 앞을 북적이게 만들어라. 활기차게 서서 일해라. 활기 넘치는 점포에 손님이 든다.

제29조, 매일 신문 광고는 대충이라도 훑어보자. 주문을 받고도 모른다면 상인의 수치로 알아야 한다.

제30조, 상인에게 호황 불황은 없다. 어느 쪽이든 벌어야 한다.

1894년 11월 27일	와카야마현 가이소군 와사무라 센탄노키 (현 와카야마시 네기)에서 아버지 마사쿠스 어머니 도쿠에다의 3남 5녀 중 막내로 태어나다
1904년 (9세)	아버지가 미두장에서 실패. 보통소학교를 중퇴하고 오사카의 미야타화로점, 그 후 고다이자전거에서 일하다
1910년 (16세)	오사카전등(훗날 간사이전력) 입사, 내선견습공이 되다
1916년 (21세)	개량 소켓 실용신안 출원
1917년 (22세)	오사카전등 퇴사. 아내 무메노, 처남 이우에 도시오 (산요전기창업자)와 셋이서 제조판매를 시작하다
1918년 3월 27일 (23세)	마쓰시타전기기구제작소 창업
1921년 (26세)	쌍등용 소켓 발매
1932년 5월 5일 (37세)	산업인으로서의 사명을 깨닫다(명지원년) 수도철학 확립 이 날을 마쓰시타전기제작소의 창립기념일로 결정하다
1933년 (38세)	사업부제도 도입
1935년 (41세)	마쓰시타전기산업으로 개조. 사장 취임. 사업부제를 분사제로 바꾸다
1943년 (48세)	군의 요청에 따라 마쓰시타조선, 마쓰시타비행기 설립

1946년 (51세)	GHQ에 의해 제한회사로 지명되어 공직 추방 (~1947년 2월), PHP연구소 설립
1947년 (52세)	제한회사 지명 해제, 사장 복귀
1952년 (57세)	네덜란드 필립스사와 기술제휴. 마쓰시타전자공업 설립
1953년 (58세)	일본 빅터의 재건 인수
1959년 (64세)	미국마쓰시타전기 설립
1961년 (66세)	마쓰시타전기산업 회장 취임
1962년 (67세)	『타임지』의 표지를 장식하다
1964년 (69세)	전국 판매회사 및 대리점 사장 간담회 개최(아타미회담) 영업본부장대행으로 진두지휘를 하다
1965년 (70세)	제3회 간사이재계세미나에서 '댐 경영'을 제창 '주5일제'를 도입
1973년 (78세)	마쓰시타전기산업회장 퇴임, 상담역 취임
1979년 (84세)	마쓰시타정경학원 창립이사장 겸 숙장 취임
1987년 (92세)	정삼위훈일등욱일동화대수장 서훈
1989년 4월 27일 (94세)	서거